JN071431

白井利明 ◎ 編著

生涯発達の理論と支援

シリーズ
支援のための
発達心理学
本郷一夫
監修

金子書房

シリーズ刊行にあたって

　近年，障害の確定診断の有無にかかわらず，様々な支援ニーズをもつ子ども や大人が増加している。また，そのような人々に対する多くの支援技法も 紹介されている。しかし，ある人に対して「うまくいった」支援技法を他の人 に適用しても必ずしもうまくいくとは限らない。また，支援直後に「うまく いった」ように見えても，その後の人生にとってその支援が効果的であるか はわからない。重要なことは，表面的な行動の変化ではなく，その人の過去 から現在に至る生活の理解に基づいて，その人の現在と未来の生活に豊かさ をもたらす支援を行うことであろう。すなわち，人の発達の理解に基づく発 達支援である。

そのような観点から，シリーズ「支援のための発達心理学」は企画された。本 シリーズは，人が抱える問題の理論的基礎を理解するとともに，それに基づ く具体的支援方法を学ぶことを目的とした。その点から，次の２つの特徴を もつ。第１に，単なる支援技法としてではなく，発達心理学の最新の知見に 基づく支援のあり方に焦点を当てている点である。第２に，各領域の発達は， その領域の発達だけでなく，他の領域の発達と関連しながら起こるという機 能間連関を重視している点である。

現在，発達支援に関わっている心理士・教師・保育士，これから支援に関わ りたいと思っている学生・大学院生などの方に，本シリーズを是非読んでい ただきたい。そして，それが新たな支援の展開と支援方法の開発につながっ ていくことを期待している。

最後になったが，このシリーズの出版の機会を与えていただいた金子書房， また迅速で的確な作業を進めていただいた担当の加藤浩平氏には深く感謝の 意を表したい。

2018年2月

シリーズ監修　本郷一夫

Contents

第Ⅰ部

総　論

第1章 支援のための生涯発達心理学

白井利明

1 支援から見た生涯発達

　生涯発達とは，ひとはいくつになっても発達し続けることをいう。しかし，本当にそういえるだろうか。年をとると衰え，柔軟性も失われる。そのうえ発達の考えかたによると，発達早期の経験が後の発達に影響し，その逆はないから，発達早期の経験が重要となる。そのため，発達支援というと子どもの時期に力点が置かれがちである。しかし，非適応や障害，犯罪，被災などを抱える場合はもちろん，老いて衰えたりしていくひとたちが当たり前に生きていくために発達支援が必要な場合がある。本章は，生涯発達心理学の発展に多大な貢献をしたバルテス（Baltes, P. B.）とエリクソン（Erikson, E. H.）の理論をひもとき，生涯発達のしくみと支援のありかたについて考える。

2 獲得と喪失の同時進行としての発達

（1）伝統的発達観への挑戦

　図1-1は163の心理特性の獲得と喪失についての予想を調査した結果である。獲得とは望ましい変化のことで，賢くなるといったことをいう。喪失とは望ましくない変化のことで，健康でなくなるといったことをいう。図1-1に示されるように，成人期になると獲得よりも喪失を多く予想する。

　ドイツの心理学者のバルテスは，発達は獲得だけでなく，喪失も発達だという。それはどのようなことだろうか。伝統的に，発達とは機能上，有能になり，構造上，複雑になることをいうので，有能でも複雑でもなくなることを発達と

はいわない。そうした伝統的な発達観に対する挑戦が生涯発達心理学である。このことをふまえることで，生涯発達支援とは何をどう支援することなのかを考える。

（2）発達の可塑性

ひとの発達は20代か30代がピークであり，40代には衰えが始まっていると思われている。本当だろうか。

図1-2は，結晶性知能の年齢変化について調べた結果である。結晶性知能とは，経験や知識の増大により，職業においてベテランとなったり，日常生活での問題解決能力が増したり，自分自身への思索が深まったりすることである。物事を速く記憶したりする流動性知能と区別される。

図1-2の実線は1956年，破線は1963年に横断的に調べたものである。つまり，同じ年に異なる年齢の人に調査を行い，その結果に基づいて年齢のあいだを線でつなぐことで，加齢による変化を推測したところ，どちらの調査年でも，30代を過ぎて40代になると知的能力は低下していた。

このことから，やはり40代には衰えが始まるといえそうだが，念のため，1956年と1963年の調査年の間隔は7年なので，1956年の7年間の変化にめがけて線を引いてみる。それが点線であり，同じ人たちの7年間の変化を示す。点線で示された実際の年齢差では，下がるはずの50代，60代でも下がっていない。どうしてだろうか。

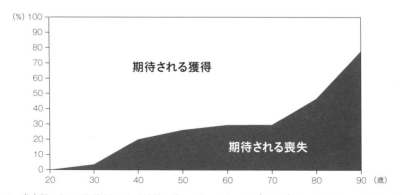

図1-1　成人期において期待される心理特性の獲得と喪失の割合のバランス(Baltes & Baltes, 1990, p.18)

　バルテスは，実線で示された知能の変化は個人の実際の年齢差ではなく，世代差を示しているという。なぜ世代差で見ると，新しい世代ほど高く出るのか。その理由は，後の世代ほど学歴が向上したためだと考えられている。発達曲線には社会の変化が隠されていたのである。バルテスは，老年期であっても，社会が変わり，私たちが真に老年期を生きられるようになるなら，今とは違って，もっと私たちの可能性を開花させることができるだろうと述べている。

　このことは，どの年齢でも，ひとの発達は，それ自身で完結せず，社会や環境に開かれていることを示す。それゆえ，社会が変われば発達のありかたが変わり，環境とのかかわりかたを変えれば自ら発達を変えることができると考えられる。実は，このことが発達の可塑性の根拠である。そのため，私たちは発達支援にあたって，そのひとの発達がどのような社会や環境に，どのように関係し合って開かれているのかに注意せざるをえないのである。

（3）喪失も発達である

　いうまでもなくひとはいくつになっても機能が伸びていくわけではない。生物的な脆弱性が加齢により増大し，衰えていくことは必然である。そのなかで，「いくつになっても発達する」というには，わけがある。

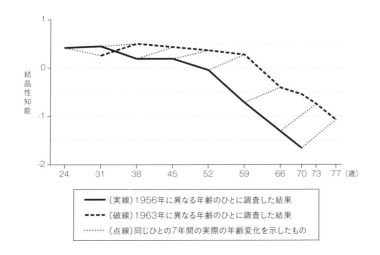

図1-2　結晶性知能の年齢差と世代差（Baltes & Schaie, 1974, p.38）

　バルテスは，そのわけを選択的最適化補償理論で説明する。たとえば，80代になってもピアノを弾き続けたルービンシュタインは，演奏する作品を厳選し（選択），少ない部分をさらに練習し（最適化），速い演奏箇所の前はよりゆっくりと演奏し（補償），聴衆を魅了し続けた。老年期は衰えが避けられないものの，熟達化で切り抜けるのである。

　動機づけや情動でも同様のことが起こる。たとえば，加齢により人生に対する見方が肯定化することは知られている。その理由として，社会情動的選択性理論（Carstensen, Mikels, & Mather, 2008, p.241）によれば，人生に残された時間が短くなると，自分の使える限られた資源を活用することを考え始め，情動調整を優先するようになる。つまり，若い時のように多大なエネルギーや時間のかかる問題解決を目指すよりも，自分の目標を変えたり，意味づけを変えたりすることでしのごうとするのである。

　以上から，「獲得だけでなく喪失も発達である」とは，限界を受け止めて，新たな工夫により限界を乗り越えることだといえるかもしれない。あるいは，喪失がきっかけとなって，エネルギーの節約や効果的な解決方略の創出といった，より高次の機能が生まれることから，「喪失も発達である」といえるのかもしれない。それなら，獲得をもたらさない喪失があったら，それは発達とはいわないのだろうか。たとえば，老いて衰えて死んでいくことは，だれにでもあてはまるが，それは発達とはいわないのだろうか。そうではないだろう。獲得に結びつく喪失も，結びつかない喪失もどちらも，ひととして自然な年齢の重ねかたであるなら，むしろ，そのことの表現として「獲得だけでなく喪失も発達である」といえるのではないだろうか。そのように捉えることで見えてくるものがあることは本章の最後に述べたい。

3　社会と文化に支えられる発達

（1）危機の解決をとおしての発達

　アメリカの精神分析家エリクソンは，健康なパーソナリティの生涯発達の見取り図を図1-3のように示した。縦軸は発達の時期，横軸は活力のあるパーソ

ナリティを構成する要素で，数字はそれぞれ順に基本的信頼，自律性，自主性といったものを示す。囲みのなかが空白なところも全て伸張的なものと収縮的なものの対が入っている。2つの要素が分化し，自覚されることで危機が生じ，後者を前者に統合することで危機を解決し，発達していく。囲みのなかの最下部の単語（たとえば，左下の囲みでは希望）は，危機のなかで生まれ，危機を解決していくといった強さを表す。7番目のジェネラティヴィティはエリクソンの造語であり，生成継承性や世代継承性，生殖性，世代性などと訳されている。この表にはないが，9番目の発達段階として老年的超越（トルンスタム（Tornstam, L.）の言葉）が提案されている。

　エリクソンは，発達的に捉えるとは危機とのかかわりで考えることだという。ここでの危機とは大惨事の脅威といったものをいうのではなく，分岐点や転機

	1	2	3	4	5	6	7	8
Ⅷ 老年期								インテグリティ VS 絶望, 嫌悪 知恵
Ⅶ 成人期							ジェネラティヴィティ VS 停滞 世話	
Ⅵ ヤング アダルト期						親密性 VS 孤立 愛		
Ⅴ 青年期					アイデンティティ VS アイデンティティ混乱 忠誠			
Ⅳ 学童期				生産性 VS 劣等感 有能感				
Ⅲ 遊戯期			主導性 VS 罪悪感 目的					
Ⅱ 幼児期 前期		自律性 VS 恥, 疑惑 意志						
Ⅰ 乳児期	基本的信頼 VS 基本的不信 希望							

図1-3　エピジェネティック・チャート（Erikson & Erikson, 2001, p.73から作成）

のことである。たとえば，青年期のアイデンティティの危機は，幼児期の残存物（たとえば，幼児期に抱いた不安）と成人期への期待（将来，こうなりたいといったこと）のなかから，自分にとっての統一的なパースペクティブ（世界の見えかた）を作り出す必要があるときに生じる。ハムレットでいえば，ある日，突然，父の亡霊が現れ，それがきっかけとなって思いもよらなかったパースペクティブが現前する。それが「生きるべきか，死ぬべきか，それが問題だ」といった二者択一の葛藤を引き起こす（アイデンティティの危機）。結局，ハムレットは，特別な人間として承認されることで，長引かされた青年期を終える。その意味で，危機とは人生の転換点である。

　エリクソンは，症例史でなく，生活史（ライフ・ヒストリー）を捉えることを提唱している。症例史とは，症状の原因を過去に遡って探し出すことである。他方，生活史では，そのひとの欠けている要素を個人の内側に探すのでなく，そのひとを生活とともにまるごと捉え，しかも過去だけでなく未来にも伸ばして捉える。それにより，症状の原因を取り除くことを中心に据えるのではなく，そのひとの回復力を引き出し，発達のなかで解決することを目指す。ハムレットの場合でいえば，かれの症状を憂うつな気質やそのときの状態（たとえば失恋）に還元するのではなく，かれがその時代を越えるほどに優れた良心をもつがゆえの葛藤であり，かれが自分の内面的な危機の解決をとおして当時の閉塞した時代状況を開く運命をもっていたことが捉えられている。

　エリクソンは，臨床家は症状のもつ意味だけではなく，話している内容そのものも聴き届ける必要があるという。そのひとの苦しみを歴史のなかに位置づけていくことなしに，その発達的な意味を理解していくことはできないのである。

（2）生活様式に根を下ろすということ

　エリクソンは，ひとが世代を超えてつながっていくライフサイクルのなかに根ざしているなら，運命の変化に遭遇しても自分自身であることを見失わず，それゆえ自我の回復力となるという（Erikson, 2016, pp.90-91）。逆にいえば，自分の居場所がなくなると，自分のたどってきた発達が分断され，自分の中心となる根を失う。エリクソンは，その具体例として，アメリカのネイティブの

ひとたちがアメリカの白人の生活様式に合わせるように強制させられることで
かれらが独自にもっていた豊かな生活様式を失い，かれらの発達が破壊された
ことをあげている。

　かつての日本にも人口の集団移動があり，発達上の問題が起きていた。1970
年代に名古屋のある地域では高い割合で乳幼児が発達検診で問題があるとされ
ていた。保健師は親の指導を始めたが，親の生活力のなさや無力感が壁となっ
た。かれらは「精神が著しく不安定で，教養がなく，子どもの世話もできない
ひと」とみなされていた。

　心理職として地域医療にあたった間宮（1984, p.30）は，そうではなく，しっ
かり耳を傾けさえすれば，母親はカルチャーショックともいうべき非適応状態
にあったことが理解されると述べている。かれらは九州から中学を卒業し，集
団就職で名古屋に働きに来たひとたちだった。未曾有の人口移動による故郷の
喪失と都市に移住した生活者の困難（不安定就労と地域のなかでの孤立）がか
れらに襲いかかっていたのであった。

　私たちは，自分の過去から未来へとつながっていく生活様式という土台が
あって初めて，危機を乗り越えて発達していくという自分の過去から未来への
つながりを紡ぐことができるのである。

（3）自我の回復力に対する生活様式の役割

　自我の回復力のありかたについて，ジルの事例（Erikson, 2017, pp.154–155）
から考えてみたい。

　10代後半の女性であるジルは，過食で苦しんでいた。エリクソンは，過食は
乳児期の残存物に起因するものであり，いいかえれば口唇期（乳児期）への退
行であり，青年期でありながら乳児期の基本的信頼と不信に直面していると読
み取る。エリクソンはジルが食欲における貪欲さなどとどのように折り合いを
つけるのかを見守っていた。

　ジルは，大学の夏休みに家族と一緒に行った農場に，そのまま一冬残らせて
ほしいと親に頼んだ。この期間はジルにとってのモラトリアムとなった。自分
がしなければならない義務（学業）が猶予され，新たな役割（働くこと）を試
してみる期間であった。生まれたばかりの子馬の世話に専念し，お腹を空かせ

た動物たちにミルクを与えるため，何時でも起きた。ジルの熱心な世話はカウボーイの賞賛を得た。

　こうしてジルは重要な他者によって承認されることで，自分が信頼に足る人間であると感じることができた。これまでは過食というかたちで貪るように自分の得たいものを得ようとしていたが（受動性の発揮），それを農場で働く世話というかたちに変換し，与える側にまわって解消した（能動性の発揮）のである。受動性から能動性への転換（自分の中心性の回復）が自我の動きの課題である。これは乳児期の残存物がモラトリアムの機会を得て発達に吸収されたことを示す。もともと，乳児期の基本的信頼感とは，乳児は与えられるものを受け取ることによって，あるいは自分がやりたかったことを誰かにやってもらう術を学ぶことによって，そして同時に，誰かに何かを与えるひとになっていくために，すなわち，母親と同一化して，やがては与えるひとになっていくために必要な土台を発達させるものなのである。

　ジルは労働にはジーンズを身につけて行った。ジーンズは当時のアメリカ社会においては，女性が男性的な要素を取り入れ，魅力的な女性となるための時代精神を体現するようなものだったのだろう。自分自身であると感じられる何かをすることができ，そこに社会的な価値を見出せるようなイデオロギー的潮流（所属する集団の価値観のこと）と合致しているという感情をエリクソンは楽観性と呼ぶが，こうしてジルは楽観性を身につけたのである。

　ジルの事例で興味深いのは，過食という退行的な症状が，熱心な世話という創造的な活動に転化したことである。これが自我の回復力である。しかも，それは社会から与えられた制度化されたモラトリアムという機会を得て行われた。そして，それのみならず，ジルを取り巻くコミュニティの制度や文化が重要な役割を果たしていた。青年期の危機の解決のためには，自分が自分のなかに見いだしてきた自分と，他者が期待されている，あるべき自分とのあいだに意味ある共通性を見いださなければならないが，それをもたらすものがジルにとっての家族であり，カウボーイであり，イデオロギー的潮流であり，それらすべてを含む生活様式だったのである。

　以上から，支援に当たっては否定的な症状を単に除去するのではなく，それが肯定的なものへと転化するような文脈を作ることの大切さがわかる。つまり，

支援を必要とするひとたちが居心地の良さを感じることができるように，自己
と環境の出会う調整が必要なのである。

（4）発達を支える社会制度と文化パターン

　発達は根本的なパースペクティブの変化を含んでおり，それ自体が潜在的な
危機であるため，それに対する適応が達成されなければならない。乳児でいう
と，出生後，順に，リラックスして横になっている，しっかり座る，速く走る
といったパースペクティブの変化に対応していかなければならない。それとと
もに対人関係のパースペクティブも根本的に変化する。それは，たとえば「母
親にいつも見えるところにいてほしい」という願望と「独立したい」という願
望とが時間的に接近して起こることに示されている（Erikson, 2017, p.109）。
そのような一見，対立するような願望であっても，文化のパターンからなる布
置（コンフィギュレーション）のなかで，それぞれの要素がそれぞれの最適の
機会をとらえて達成され，成熟したパーソナリティのなかに統合されていくの
である。

　同じことはどの発達段階でも当てはまる。中年期に次の世代を育むことをと
おして自分を育むことや，老年期に指導的な役割を担うと同時にそれを次の世
代に明け渡すことといったことも，コミュニティの制度や文化が保護者となっ
て，個人差や変化する条件からあまり影響を受けずに，個人のライフサイクル
や世代の連続，そして社会構造を同時に調整する。発達における獲得や喪失に
伴う喜びや悲しみ，怒りといったものも，いずれかに偏ることなく，その自然
な発露を調整していくのも，暗黙のうちにあるコミュニティの制度や文化のパ
ターンによるものである。

　宮川（1993）によれば，これまで発達はありえないことだと言われてきた，
あるアルツハイマー病の老人は，家族の建設的保護の中で，その知的欠損をか
かえこんだまま，その状態になじんだ行動体制への変換を示したという。それ
は自分に与えられた仕事に励み，世代のつながりのなかの役割を果たしていく
ことだったのかもしれない。宮川は，乳児から老人に至るまでの3代による家
族・親族・近隣社会あるいはそれにかわりうる友人関係のバランスの中で生き
ていくことがその人の発達にとって重要である。しかるに，今の社会はこのバ

ランスを破壊する要因が多すぎるのではないか，と述べている。

4　生涯発達支援とは何か

　生涯発達支援は，病気を治すなど元に戻すといった単なる問題解決を目指すものではない。「喪失も発達である」としたように，ひとがひととして当たり前のように年齢を重ねて生きていくためのものである。

　発達にはプラスだけでなく，マイナスも含むため，そうした発達はそのひとの根ざすコミュニティの制度や文化のパターンに保護されて，安全に行われるはずのものである。それを機能させることが発達支援なのであるが，ここで重要なことは，何が何でも世代間のつながりでなければならないとかいったことではない。ひとによっては，世代間でなくても，ひととひとのつながりでよいのかもしれないし，あるいは一人でいることもまた大切な意味があるかもしれない。そのひとがそのひとらしく意味をもった生きかたやありかたをもつということについて，特定のありかただけが正しいというのでは支援ではなくなってしまいかねない。

　それゆえ，発達支援は一人ひとりの困ったことから出発するべきであり，社会がある特定の状態を想定し，それに合致させることを支援の目標としたり，その状態を目指せないひとは支援から排除したりするといったことは避けるべきである。私たちには，生きづらさを解消し，よりよく生きる権利があるが，生きづらさが解消できない場合でも，そのひとらしく意味のある生きかたをする権利がある。発達支援が，非適応や障害，犯罪，被災，老衰の受苦からの回復のためにあるのはもちろんであるが，それは非適応や障害，犯罪，被災，老衰とともに生きることを否定しない。この二者択一が求められると，むしろ生きづらい社会となってしまう。発達支援の実際のありかたは一人ひとりの置かれている状況によって多様である。その多様性が否定されると，支援の余地は極端に狭まってしまい，ひとは単に社会に合わせるしか生きるすべがなくなってしまうからである。

　生涯発達的支援とは，社会が固定的に見ることで機能不全に陥っていることからひとを解放し，そのひとを柔軟に見ることで得た新しい意味に導かれて，

一人ひとりがそのひとらしく，みんなとともによりよく生きていけるようにするためのものなのである。

【文　献】

Baltes, P. B., & Baltes, M, M. (1990). Psychological perspectives on successful aging. In P. B. Baltes & M. M. Baltes (Eds.), *Successful aging: Perspectives from the behavioral sciences* (pp.1–34). New York: Cambridge University Press.

Baltes, P. B., & Schaie, K. W. (1974). Aging and IQ: Myth of twilight years. *Psychology Today*, 7(10), 35–40.

Carstensen, L., Mikels, J. A., & Mather, M. (2008). エイジングと認知・動機づけ・情動との交点(西村純一，訳)．Birren, J. E., & Schaie, K. W.（編）．*エイジング心理学ハンドブック*(藤田綾子・山本浩市，監訳, pp.237–248)．京都：北大路書房.

Erikson, E. H. (2016). *洞察と責任：精神分析の臨床と倫理[改訳版]*(鑪 幹八郎，訳)．東京：誠信書房.

Erikson, E. H. (2017). *アイデンティティ：青年と危機*(中島由恵，訳)．東京：新曜社.

Erikson, E. H., & Erikson, J. M. (2001). *ライフサイクル，その完結[増補版]*(村瀬孝雄・近藤邦夫，訳)．東京：みすず書房.

間宮正幸. (1984). 地域住民の生活史と生活指導の課題. *生活指導研究, 1*, 25–45.

宮川知彰. (1993). 歴史と文化と"生涯発達"心理学. *日本教育心理学会第35回発表論文集*, S58.

第Ⅱ部

各 論

第2章　思春期の発達と問題行動

加藤弘通

1　はじめに

　思春期とは，一般的に「反抗期」と呼ばれ，子育てが難しくなる時期，問題が頻出する時期のようにとらえられている。実際，非行や不登校といった「問題」とみられる現象もこの時期に増える。この章では，思春期に起きるこのような問題を発達という視点から捉えると，どのように理解，支援することができるのかということについて検討する。

2　発達しているからこそ問題がおきる

　一般的に発達とは，良くなっていくというイメージで捉えられがちである。逆に子どもに問題が起きた場合は，発達がうまくいっていないからと捉えられることも多い。しかし，このイメージは必ずしも正しいとはいえない。例えば，図2-1は，年齢別の10万人あたりの自殺者数を示したものである。このグラフから分かることは，10歳より前には自殺はほとんど見られないということである。逆に考えると，10歳にならないと自殺をすることができないということであり，私たちは発達することで自殺が可能になるということである。発達というと，何となく良くなるというイメージがもたれることが多いが，このように発達とは良いことばかりではないということである。

　例えば，自殺が可能になる9〜10歳の時期は，発達が飛躍する時期として知られており，教育現場では「9・10歳の節」と言われたりする（秋葉，1989；渡辺，2011）。認知発達的にみると，この時期に二次的信念という力が獲得され，それを十全に使えるようになることが明らかにされている（Perner & Wimer,

1985)。二次的信念とは，簡単にいうと他者の気持ちをより深く考えられるように
なる力で心の理論と言われる能力の一つである。より正確には，二次的信念
を理解できるようになるということは，「『私があなたのことをどのように考え
ているか』を，あなたがどう考えているか」を理解できるようになることを意
味している。日常場面で言うなら恋愛の1つの形式であり，「『私があなたのこ
とを好きだってこと』が，あなたにバレていないだろうか」ということを考え
ることができるようになる，つまり，駆け引きが可能になるということでもあ
る。

　このように深く他者の気持ちを考えられるようになるというと，相手の気持
ちを考えて行動できるということであり，良いことのように思う人が多いだろ
う。しかし，この力は否定的な力にもなりえる。例えば，相手の気持ちがよく
分かるということは，どんなふうにすれば相手がよりダメージを受けるかも分
かるようになるということであり，いじめを深刻化させる力にもなりえるから
である。

　このように考えると，発達それ自体は，実は良くも悪くもない。つまり，相
手の気持ちをより深く理解できるようになってきたときに，相手の気持ちを考
え，その人のためになる行動をとることが，周囲から肯定的に受け止められる
環境に置かれていれば，多くの子どもたちは，その力を良い方向で使うように

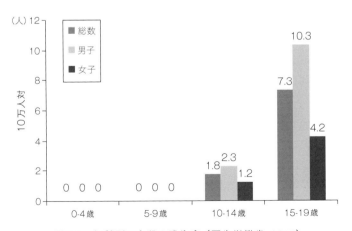

図2-1　年齢別の自殺の発生率（厚生労働省, 2017）

なるだろう。しかし，誰かをいじめなければ，自分が被害に遭うかもしれない。そして，周りの大人が全く頼りにならないような状況であれば，その力を悪い方向で使うようになる子どもたちも多くなるだろうと考えられる。

3　問題の中に教育の可能性をみる

　さらにこうした力は学習とも関係している。例えば，9〜10歳にあたる小学4年生の定番の教材として「ごんぎつね」があるが，この物語は，この二次的信念が獲得されていないと理解することが難しいものである。具体的にどういうことかというと，この物語には，兵十さんと小狐のごんがでてくる。ごんはいつも兵十にいたずらをして困らせており，兵十もいつかごんを懲らしめたいと思っている。ところがある日，兵十が母を亡くし元気をなくす。それを知ったごんは同情し，その日から兵十さんには知られないように彼の家に食べ物を運ぶようになる。一方，兵十はそれを神様からの思し召しだと思って食べ，元気になっていく。元気になった兵十は再びごんのことが気になるようになり，物陰に隠れて，やってきたごんを鉄砲で撃つ。撃った兵十はごんに近づき，食べ物が置かれていることに気づく。そして，兵十は「ごん，お前だったのか……」といって手から火縄銃が落ち，筒口から青い煙がでている，ところで話は終わる。

　この物語のラストは「『ごんが兵十さんのことをどう思っていたか』を兵十さんがどう思ったか」を理解できないと，この物語がもつ悲劇性をうまく理解することができない。つまり，「相手の気持ちを考える」という二次的信念の発達は，良い方向で用いれば，相手を思いやる行動を促進する力にもなり，悪い方向で用いれば，いじめといった問題行動を促進する力にもなる一方で，学習と結びつけば，教材を深く読み込んでいく力にもなるということである。したがって，もしいじめといった問題が起きたら，私たち大人はその解決に向けた行動は当然しなければならない。しかし子どもの教育や支援に携わる人たちは，そこにとどまるのではなく，そういう問題を起こせるようになったその子どもの背景にはどのような発達が生じているのか。またそのような発達を遂げている子どもたちに対して，どのような教材を与え，授業や活動を展開してい

けば良いのかまで考える必要があると思われる。このように子どもの問題の中に教育の可能性を読み込む点に，子どもの教育や支援に携わる者が発達を学ぶ意義があるといえる。

　それでは思春期には，自殺やいじめ以外に，どのような問題が生じ，その背景にはどのような発達が生じているのだろうか。以下では，昔から言われている「反抗」や近年，教育現場で注目されている「自尊感情」を取り上げ，思春期の発達と支援の在り方について検討する。

4　思春期は反抗期・不安定な時期か?

　思春期の発達というと，第二次性徴や第二次反抗期，またそれに伴う情緒の不安定さなど，いわゆる"荒れ"が指摘されることが多い。例えば，精神科医の深尾（2018）は「身体の変化にこころは付いて行けない。この『ちぐはぐさ』に子どもたちは戸惑う。性の問題に悩み，大人との関係に違和感を持ち，こころを病む」といったように思春期を捉えている。この"荒れ"のことを心理学では古くから"疾風怒濤"と呼び（Hall, 1904），思春期・青年期の危機説を唱えてきた。

　しかしその一方で，多くの子どもたちがそれほど強く経験しないという指摘（平穏説）もある。例えば，明治安田生活福祉研究所（2016）が10代後半～20代（高校生～社会人）の者を対象に行った調査によれば，女性の35.6%，男性の42.6%が「反抗期と思える時期はなかった」と答えている。またArnett（1999）は「思春期・青年期の疾風怒濤説の再考」というレビューのなかで，そこには大きな文化差があり，また個人差があることを指摘している。つまり，反抗や不安定さは，思春期を第一義的に特徴づけるものではなく，思春期の発達の1つの現れに過ぎないのかもしれない。それでは思春期の発達の特徴とは何だろうか。

5　自尊感情の低下と思考の発達

　図2-2は，9～90歳までの自尊感情の変化を示したものである。Arnnet

（1999）は，思春期には文化差・個人差があることを指摘したが，思春期・青年期にあたる10〜18歳頃は男女ともに一貫して，自尊感情が低下するという結果が得られており，これは日本でも同様である（小塩・岡田・茂垣・並川・脇田，2015；都筑，2005）。

　それではなぜ思春期に自尊感情が下がるのか。青年心理学の標準的なテキスト（Santrock, 2016）では第二次性徴に伴う身体の変化への嫌悪感といった身体的要因，また小学校から中学校へ，中学校から高校へといった学校移行に代表される環境的要因など，様々な要因が指摘されてきた。その中でもしばしば指摘されるのが，思考の発達といった認知発達的な要因である（Piaget & Inhelder, 1969）。

　思春期は具体的操作期から形式的操作期へと移行する時期と位置づけられ，抽象的な思考が発達する時期である。よく出されるこの時期の課題として「イヌはゾウより大きく（前提1），アリはイヌより大きいとき（前提2），アリはゾウより大きい（結論）」というような三段論法の問いがある。実際のところ，結論に示された「ゾウより大きいアリ」というのは存在しないものの，2つの前

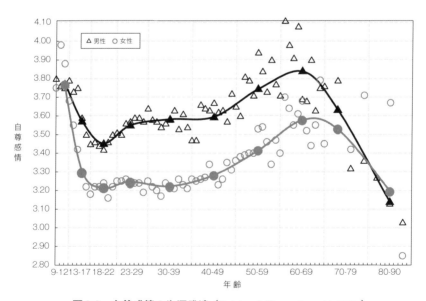

図2-2　自尊感情の生涯発達（Robins & Trzesniewski, 2005）

提から推論すると，この結論は論理的に正しい。このように現実から離れ，論理的に正しければ，それを正しいものとして，受け入れられるようになるのが，思春期に生じる思考の発達の特徴だと考えられている。

　そして，ここには思春期の問題を考えていく上でポイントが2つある。1つめは，反省的思考の発生である。「考えていることを考えられるようになる」と言われるように，実際にゾウより大きいアリがいるかどうかということが問題ではなく，自分の考え方，つまり推論の仕方が論理的に正しいかどうかが判断材料になるということである。

　関連して2つめは，現実の世界だけでなく，可能世界を考えられるようになることである。つまり，論理的に考えることができるようになることで，今ある現実に対して，別の条件であれば，もっと違う結果になっていただろうと，別の論理的帰結＝可能性も考えられるようになるということである。このような思考が可能になることは，今の現実に合わせることがすべてではなくなり，現実から解放されるということを意味してもいる。つまり，それまではただ現実に適応していくことが課題だったのが，思春期以降は，与えられた現実だけがすべてではなくて，別の在り方もありえるかもしれないという視点から，現実を批判的に捉え直すことができる。したがって，現実は適応の対象から，批判し，変革すべき対象へと変化することになる（Piaget & Inhelder, 1969）。そして，こうした批判的に物事を検討することができるようになる力は，子どもを社会変革の主体にしていく一方で，それが親や教師に向かえば反抗として現れ，自分自身に向かうと自尊感情の低下として現れると考えられる。

　実際，加藤・太田・松下・三井（2018）が国立・公立中学校の生徒を対象に行った縦断調査でも，中学1年生の入学時に形式的操作と関連が深いとされる批判的思考態度が高かった生徒（高群）は，その後，大きく自尊感情が低下するのに対し，低かった生徒（低群）は，ほとんど変化しないということが示されている（図2-3）。その一方で，「大人の体に近づくことを好ましく思わない」といった成熟への拒否感（身体的要因）は，自尊感情の低下と関連していなかった。つまり，思春期の自尊感情の低下には，世間一般で言われているような「成熟への拒否感」「身体の変化に心がついていけない」という身体的要因よりも，思考の発達といった認知発達的な要因が関連していると考えられる。

　このことを実践的に考えると，我が国では，子どもの自尊感情がしばしば問題視され，その向上を目指した施策が提言されている。しかし思春期における低下の背景には思考の発達が関係しており，一概に否定的な現象とはいえないということである。

　また加藤（2016）によれば，批判的思考態度が高い群は，もっとも自尊感情が低下する時期であっても，批判的思考態度が低い群に比べると高い位置で下げ止まっていること，さらにその後，批判的思考態度の高い群の自尊感情は上昇に転じることも指摘している。したがって，実践的には性急に自尊感情を高めるということよりも，思春期には自尊感情が下がってしまうことがあるということ，その背景には思考の発達が関係していること，つまり，自分自身のモノの見方や考え方がバージョンアップしているということを子どもたち自身が認識していくことが重要ではないかと思われる。

6　反抗期をどう考え，どう関わるか

　それではこうした思春期のおける思考の発達は，反抗といった対人的な問題とはどのように関係しているのだろうか。教育相談でしばしば見られる思春期

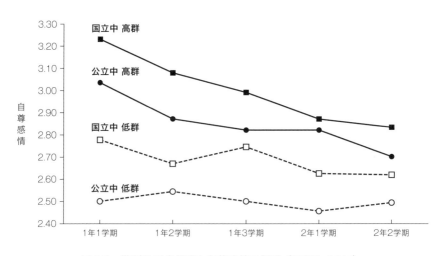

図2-3　批判的思考態度と自尊感情の推移（加藤ら，2018）

に典型的な事例をもとに考えてみよう。

　小学6年生のＡ子は，以前から「発達が気になる」と言われてきたが，思春期になり，さらに教師への反抗が問題視されるようになってきた。具体的には，ある日，書道の時間にお手本を忘れてしまったため，同様の忘れ物をした他の男子とともに，罰として，廊下の窓掃除をすることになった。しかし，納得がいかないようで，しばらくして先生に「おかしい！」と抗議に来た。理由を聞くと，まくし立てるように「一緒に掃除をしていた男子は連絡帳にすら，お手本のことを書いていなかった」「他にも忘れた子がいるけど，（他のクラスの子から）お手本を借りて授業に出ている」「っていうか，忘れ物をして，なんで掃除しなきゃなんないの？　マジ意味，わかんない！」と言った。その言い方に対して先生が「そんなこと言うのだったら，最初から忘れ物しなければ良いだろう！」と注意すると，激高したＡ子は「ハァ，あんたと話しても無駄だわ」と言って教室から飛び出していってしまったとのことである。そんなＡ子に対して，担任の先生は「思春期に入ってますます不安定になり，難しくなってきたＡ子にどんなふうに関わればいいのでしょうか？」と相談してきた。

　担任教師は「不安定」とＡ子の様子を表現しているが，発達的に見て，この事例から読み取れることは，彼女の不安定さより論理性である。例えば「一緒に掃除をしていた男子は連絡帳にすら，お手本のことを書いていなかった」というのは，Ａ子は連絡帳には書いていたということであり，その男子は2つ罪（「連絡帳に書き忘れた」，「実際お手本を忘れた」）を犯しているのに，私は1つしか犯していない，なのになぜ同じ罰を受けなければならないのかということを恐らく訴えているのだろう。またお手本を借りて授業に参加している子も，忘れたことには違いないのだから，彼らの罪はなぜ問われないのか，不公平ではないかということを言いたいのだろう。そして最後の書道のお手本を忘れて，なぜ掃除をしなければならないのかというのも，その理屈が分からない，だから理由を教えてほしいということだと考えられる。つまり，成長して論理的に物事を考えられるようになったからこそ，先生が言ったという理由だけでは納得できない，従えないということをＡ子の行動は意味しているのではないかと

思われる。

　しかし，大人である先生は，彼女の不公平に関する論理に対して応答するのではなく，まず自分が反省するべきだと考えて「マジ意味わかんない」「アンタと話しても無駄だわ」といった言い方に反応している。つまり，子どもから「無礼な」言い方をされることで教師としての「権威」を傷つけられたことに反応してしまっているということである。同様のことは家庭での親子のやり取りにもしばしば見られるものである。例えば，子どもが親の言っていることとやっていることの矛盾を突いて「ずるい」と言っているのに対し，親が「親に対してその口の利き方はなんだ！　そんな偉そうに言うなら，自分で稼いで生活してみろ！」と筋違いの返答をするような場合である。子どもはあくまでも親の言動と行動が食い違っているという点を問題にしているのに，親はそれに答えず，「親に対する態度」を問題にしている。こういうときにしばしば，子どもの反抗がエスカレートしていくと考えられる。以上のように認知発達の側面から思春期の「反抗期」を捉えるなら，「論理」が育ってきた子どもに「権威」で押し返そうとするとき，その関係のなかで「反抗」という現象が生じていると捉えることができる。

　それでは，こうした思春期の子どもたちに，私たち大人はどのように向き合うべきなのだろうか。もちろん，A子の言い方にも問題はある。しかし，だからと言って，言い方を教えるといったスキルに重点を置いた関わり方は，上述したように思春期の発達を考えるとあまり上手な関わり方とはいえない。むしろ，「なるほど，あなたの言っていることは正しい。だけどそういう言い方をすると，せっかく正しいことを言っていても聞いてもらえなくなるからもったいないなぁ」というような，子どもの論理（理屈）にまずは耳を傾け，そこに手当したあとにスキルへと働きかけるような関わり方が重要であると思われる。このように思春期を発達という視点から捉えるなら，思春期の問題は不安定になることで生じているというではなく，論理的になることで生じているという視点から捉え直すことができる。したがって，私たちは思春期の子どもたちの問題に対応するためには，「反抗」といったその現れに囚われることなく，背後にある彼・彼女らなりの「論理」に耳を傾ける必要があると思われる。

【文　献】

秋葉秀則．（1989）．*思春期のへのステップ：9, 10歳を飛躍の節に*．大阪：清風堂書店出版部．

Arnett, J. J. (1999) Adolescent storm and stress, reconsidered. *American Psychologist*, 54, 317-326.

深尾憲二朗．（2018）．*思春期：少年・少女の不思議のこころ*．京都：ミネルヴァ書房．

Hall, G. S. (1904). *Adolescence: Its psychology and its relations to physiology, anthropology, sociology, sex, crime, religion, and education*, 2vol, New York: Appleton.

加藤弘通．（2016）．思春期の自尊心低下の要因とそれを抑止する授業づくりの検討．科学研究費補助金基盤研究(C)研究成果報告書．

加藤弘通・太田正義・松下真実・三井由里．（2018）．なぜ思春期に自尊感情が下がるのか．*青年心理学研究*, 30(1), 25-40.

明治安田生活福祉研究所．（2016）．親子の関係についての意識と実態．https://www.myilw. co.jp/research/report/pdf/myilw_report_2016_02.pdf （2018年8月25日閲覧）

Perner, J., & Wimmer, H. (1985). "John thinks that Mary thinks that…": Attribution of second-order beliefs by 5- to 10-year-old children. *Journal of Experimental Child Psychology*, 39(3), 437-471.

Piaget, J. & Inhelder, B. (1969). *新しい児童心理学*(波多野完治，須賀哲夫，周郷博，訳). 東京：白水社．(Piaget, J. & Inhelder, B. (1966). *La psychologie de l'enfant*. Paris: Press Universitaires de France.)

小塩真司・岡田　涼・茂垣まどか・並川　努・脇田貴文．（2015）．自尊感情平均値に及ぼす年齢と調査年の影響．*教育心理学研究*, 62(4), 273-282.

Robins, R. W., & Trzesniewski, K. H. (2005). Self-esteem development across the lifespan. *Current Directions in Psychological Science*, 14, 158-162.

都筑　学．（2005）．小学校から中学校にかけての子どもの「自己」の形成．*心理科学*, 25(2), 1-10.

渡辺弥生．（2011）．*子どもの「10歳の壁」とは何か？：乗りこえるための発達心理学*．東京：光文社．

第3章 非行からの立ち直りと支援

堀尾良弘

1　非行からの「立ち直り」とは何か

　一般的には非行から立ち直ることを「更生」と呼ぶことが多い。司法・矯正保護の分野では更生施設，更生保護という言葉がよく使われている。また，「デシスタンス」あるいは「離脱」「回復」「人生の再構築」ということを考えることもできる。筆者が共に研究を続けている犯罪心理学方法論研究会では，「立ち直り」という言葉を使用している。

　何をもって「立ち直り」というか，その定義は研究者によって一定ではない。「再犯をしないこと」という定義もあるが，どの程度の期間，再犯をしなければ「立ち直った」と言えるのか。例えば，罪を犯し，その後10年間再犯を起こさなかった人は「立ち直った」のか。もし，11年目に再犯をしたら，どうなのか。非行・犯罪の頻度が減少する経過（例えば，週に1回から，1か月に1回，1年に1回に減少）は「立ち直り」とは言えないのか。また，仮に再犯をしなくても，社会適応上不安定な状態にある場合（例えば，反社会的暴力集団に所属している等）はどうなのか。あるいは，再犯はなくても，ギャンブルに明け暮れ，アルコールに溺れ，自暴自棄になって，自らの人生を受け入れることができない場合はどうとらえるのかなど，「立ち直り」については様々な議論がある。

　筆者は，「非行」からの「立ち直り」とする場合は，アルコール依存症からの回復に似ていると考えている。アルコール依存症の回復に向けては，酒類を断つことから始まり，その長期的断酒状態の継続を目指す。やがて，アルコールを摂取しなくても日常生活を普通に送れるようになる状態をよしとするが，仮にその場合でも，常に再飲酒のリスクが潜在的に継続する。10年間断酒していた人でも，何かの切っ掛けでまた飲酒を再開してしまう例もある。つまり，

「非行」からの「立ち直り」も，再犯しない状態が継続し続ける間は「立ち直り」の状態として評価でき，常に再犯のリスクにさらされながらも，社会生活を安定的に送る努力の積み重ねが「立ち直り」だと考えている。アルコール依存症も非行・犯罪も，再度起こしてしまったらそれで終わりなのではなく，また，「回復」や「立ち直り」に向けて2度目，3度目の再試行を繰り返すことに意義があり，そのためには，本人だけの努力ではなく，周囲からの援助，社会での受け入れが重要になる。すなわち，「立ち直り」とはプロセスであって，結果ではとらえられないと考えている。

2 立ち直り研究の到達点

（1）サンプソンとラウブの研究

　サンプソン（Sampson, R. J.）とラウブ（Laub, J. H.）は，「立ち直り」のためには，婚姻，就労あるいは兵役といったライフイベントが重要な要素になると指摘した。とりわけ，結婚アタッチメントと仕事への定着が非行を減少させる効果を持つと指摘し，良好な結婚生活の継続は時間の経過とともに犯罪抑止力を高めていることを明らかにした。非行からの「立ち直り」にあたって，それを受け入れる身近な他者や社会的絆の重要性を提唱した。

　また，彼らは非行・犯罪からの離脱過程においては様々な経緯があり，最終的には非行・犯罪は減少したとしても，そのプロセスには犯罪を短期間でやめる者，一時期は犯罪を続ける者，非行・犯罪の頻度や減少時期の違いなど複数のパターンがあることも指摘している（Sampson & Laub, 1993）。

　それらの経過の中で，結婚や仕事のライフイベントが関わっているとしても，それはどのようにして良好な結婚アタッチメントを形成するのか，どのようにしたら仕事に定着できるのかということについては，十分検討されていない。

（2）モフィットの研究

　モフィット（Moffitt, T. E.）は発達的分類学の立場から，非行のタイプをライフコースにおいて「生涯継続型」と「青年期限定型」の2つのタイプに分類

した。

　「生涯継続型」は行動遺伝学の見地から，神経心理学的障害欠陥や生来の気質を生起とし，家族や環境との相互作用ととらえる生物学的・心理学的・社会学的なモデルとして紹介している。すなわち，遺伝あるいは胎児期又は分娩時の脳の損傷，新生児期の栄養面又は愛情剥奪による神経発達障害などの神経心理学的要因から，気難しい気質や認知的障害欠陥等が発生する場合である。その際，自閉症，身体障害，重度知的障害等の発見しやすい障害ではなく軽度の障害の場合，問題が見過ごされてしまい，育てにくさや発達の遅れから，後の問題行動に影響を与えることになる。また，養育者の側の認知能力の低さから養育環境にも恵まれず，教育的・経済的・職業的にも不利な環境に置かれ，周囲からのネガティブなリアクションと周囲への反抗との相互作用によって，問題行動が解決されにくく，反社会的な親和性を身に付け，非行・犯罪に向かうライフスタイルを継続することになるという。

　一方，「青年期限定型」は17歳をピークとする年齢犯罪曲線（本章4節参照）を描き，成人とのギャップによる不快から反社会的モデルを模倣，学習強化して非行を起こすが，年齢が高くなると成人とのギャップが減少し，社会適応ルールにおさまる統制力もあって，非行から離脱可能となる。このタイプは，資質的な問題がなく，少年期の大人行動の先取り的な意味として逸脱行動を取るに過ぎず，多くの健全な青年の「標準的な社会的行為」であり，ヤングアダルト期になると急速な非行からの離脱が生じるという。全体的な年齢犯罪曲線には，少数の「生涯継続型」に対して大多数の「青年期限定型」が含まれるため，後者のタイプが青年期に増大しかつ急速に減少することから，そのような曲線が描かれることになる（Moffitt, 1993）。

　このように，モフィットは非行を2つのタイプに分類したが，実際にはいずれにも分類できないタイプもあるし，非行性の進んだ「生涯継続型」と見られても立ち直るケースもあり，「立ち直り」のライフコースをさらに検討し直す必要がある。

（3）「出会いの構造」モデル

　筆者と共に研究をしている犯罪心理学方法論研究会では，非行から立ち直っ

た人の自叙伝の分析を行い，非行から立ち直る切っ掛けとして，非行少年は「自己実現できない」という気づきと，援助してくれる人との「出会い」の重要性に着目した。そして，非行場面以外で自分の興味・能力を発揮できる対象や場を見つけ，非行から離脱していく経過を見出した。

　そこにはまず，幼少期には愛情欲求が満たされ，対人関係の基礎がありながらも非行に逸脱した場合，非行への立ち直りには本人の内面の変化・気づきが前提で，不良交友の改善や就労の援助をしてくれる人との出会いが重要であることを指摘した。その際，援助者は，本人が援助を必要として気づきがあるときでなければ，本当の援助者となれない。また，新たな出会いだけでなく，出会い直しとでも言うべき，周囲にいた人を援助者と認識し直すことも重要であることを指摘した（白井ら，2001）。このような「出会い」に注目した回復モデル（図3-1）を「出会いの構造」モデルと呼んでいる。

　また，非行へのリスク要因を抱えていたとしても，深刻な非行に及ばなかった場合，内面の認知的変化に注目すると，非行では「居心地よくならない」「自己実現できない」という気づきによって，問題行動を起こしていたとしても非

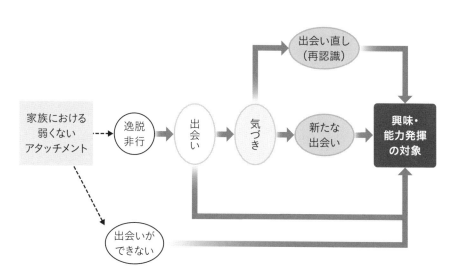

図3-1　「出会い」に注目した回復モデル（白井ら，2011）

行が進まないで済ませることができていた。また，レアケースかもしれないが，中には「出会いができない」事例もあって，自分を守ることに必死で，劣悪な環境にあって無力感を抱いて諦めの境地にあった少年が，自分の人生に向き合い，自分の行動をコントロールできない（あるいは放棄せざるを得ない）生き方をする中で，非行が深刻化しない場合もあった（白井ら，2002）。

「出会いの構造」モデルについて，今後さらに一般化し全体的に説明していくには，「援助者の人格特性やかかわり・援助の内容，被援助者の人格特性や受止め・気づきの内容や時期，そして援助者と被援助者の出会いや相互のかかわりなどを明らかにする必要がある」（白井ら，2011）。しかしながら，援助者との出会い（又は出会い直し）と気づき（あるいは再認識），そしてそのタイミングについての関係性に注目した「出会いの構造」モデルは，援助者の役割の重要性を明らかにし，その影響性について焦点化したモデルとして意義あるものと考えられる。

3 援助者の役割

前節では，援助者の役割や援助者に出会うタイミングの重要性について指摘した。援助者は教育・福祉・司法・矯正関係者だけではなく，最も身近な援助者である親との出会い直しについても重要な要素である。

ただし，援助者の側の要因については，まだ十分明らかになっていない。「出会い」は，援助者と被援助者との相互関係に影響を与えるだろうし，その相互関係は「出会い」の機能とも互いに影響があるだろう（図3-2）。

また，援助者の人柄，態度，価値観，あるいは援助者が見る被援助者のイメージ，またそのイメージの変化など，被援助者との相互関係に影響を与えている可能性が高い。それはあたかも，医者と患者あるいはカウンセラーとクライエントとの関係と同様に，援助者の技能だけではなく，援助者の姿勢や被援助者との相性が関わってくるものと思われる。これらのことは，非行からの立ち直りのきっかけを与えた援助者との出会いについて，少年自身が「不思議な縁」という曖昧だが運命的な出会いとして表現することにも関連していると思われる。いずれにしても，その相互作用については，今後，実証的・理論的に検討

する必要がある。

　また，援助者の側の留意点として付け加えるならば，少年が「出会い」として受け止めるのは，往々にしてリアルタイムの現在進行形ではなく，その時は仮に受け止められなくても，しばらく経過した後に，過去の振り返りの中で「とらえ直し」として，今思えばあれは重要な「出会い」だったと認識できるようになることである。援助者としては，懸命に援助の手を差し伸べていても，その時は受け止めてもらえた感触が得られず，徒労感だけが残ることがある。しかし，やがていつの日かその行為が無駄ではなかったと思える日が来ると信じて援助をしていることも，実際には少なくないだろう。

4　非行を「卒業」する年齢

　犯罪学・犯罪心理学の領域で言われる「年齢犯罪曲線」とは，年齢を横軸に取り，縦軸には非行・犯罪発生率・発生頻度をグラフ化したものである。非行少年の年齢犯罪曲線は各年の『犯罪白書』(法務総合研究所) に示された統計から明らかなように，一般的に10代前半から上昇し，15・16歳頃にピークを迎え，その後は収束していく。モフィットは17歳がピークと示しているが，欧米での多少の年齢差はあっても，ほぼ同時期にピークを迎え，そして減少していく点は共通である。

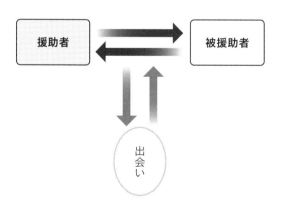

図3-2　「出会い」と援助者・被援助者との相互作用

　日本では，選挙権あるいは成人年齢の引き下げが話題として出るずっと以前から，「18歳」を非行からの「卒業」の年としてとらえる傾向が強かった。なぜ18歳なのかは，様々な議論がある。大学進学率が50%を超えたとはいえ，いまだ半数近い高校生は18歳で卒業して社会人になる。また，普通自動車運転免許が取得できる年齢，パチンコ・ギャンブル等が認められる年齢，夜の繁華街での仕事で大人扱いされる年齢などが考えられる。実際，非行少年自身が「18歳」という年齢に対して，「そろそろ落ち着くころ」「18にもなって，いつまでもバカなことはやっていられない」「18にまでなって，やることではない」と，多くの少年が18歳で非行を「卒業」すると発言することは，非行関係の専門家（児童相談所，家庭裁判所，少年鑑別所等の専門職）の間では周知の事実である。その一方で，18歳になるまでは「好き勝手したい」「思いっきり羽目を外したい」「楽しく遊ぶなら今のうち」という思いが強く，その裏返しとなっている。

　また，劣悪な家庭環境にあって，十分な愛情を受けられず，早期から非行に走ったり，非行性を深めたりしている少年の中には，18・19歳の未成年でも結婚願望が強く，早期に子どもを作って暖かい家庭生活に憧れる者も珍しくない。それは，単に早熟ということではとらえきれない彼らの内面にある「大人への成長」願望があるように思える。

　本章2節で見てきたように，安定的な結婚アタッチメントと労働アタッチメントは，立ち直りの重要な要因と考えられており，それを支える援助者の役割に加えて，非行から「卒業」する18歳という節目について，加齢と社会経験による自己像の変化，大人・社会人というイメージの内在化という観点からも見る必要があるだろう。

5　加害者の被害経験

　非行のほとんどは加害行為である。粗暴行為，窃盗行為など被害者が明確な場合に限らず，薬物乱用なども自己に対する加害行為としてとらえることができる。

　このように加害行為である非行の加害性は明らかであるが，その一方で，非行を起こした少年自身が被害経験を多く受けているということが明らかになっ

ている（堀尾，2014）。以前から，非行少年に虐待を受けた経験が多いことは多くの先行研究で指摘されてきたが，筆者は非行少年が一般青少年よりも多くの虐待経験を受けていただけではなく，学校でのいじめられ経験や犯罪被害といった被害経験を多く受けていたことを示した。

　また，いじめに関しては，いじめの加害者と被害者が一方向の関係としてそこに力の差が明確にある場合が多いが，非行少年の場合，被害者としても加害者としても両方に関わった経験を持つ者が少なくない。虐待を受けた経験者は，いじめの被害を受ける傾向もあり，それ以外の様々な被害経験を重複的に受ける場合がある。これを「多重被害」と言うが，非行に走った少年には，多重被害の経験を持つ者が一般青少年より多いということである。

　アメリカでは学校などで無差別な銃乱射事件が起こり大きな話題になることが時々あるが，銃乱射事件の犯人の多くが過去にいじめやハラスメントを受けていたという報道もある。

　過去の被害経験が加害行為に影響を与えていることが示唆され，被害が加害に転じて，新たな被害者を生み出すという負の連鎖が生じている。それは，虐待された経験のある子どもが大人になって，自分の子どもを虐待するという連鎖に似ている。また，暴力などの被害経験者は，痛みに対して鈍感になり，暴力事件を起こしても相手の痛みを感じないだけではなく，殴った自分の手の痛みも感じない（痛み感覚の麻痺）という事例もある。

　被害経験が蓄積され，加害性が進むと非行からの「立ち直り」の困難さが増大する。非行少年の共感性の乏しさも指摘されるが，被害から加害の連鎖を断ち切るには，自らの被害の痛みから解放されて，相手の痛みを感じ取れるようになることが必要である。その転換の切っ掛けにもまた援助者との「出会い」から「気づき」が重要になる。

　なお，加害者の被害経験を取り上げるとき，問題になるのは加害者の被害感（被害者意識）である。「自分はこれだけつらい目に遭ってきた（だから非行に走っても仕方がない）」「自分の受けてきたつらさが分かるのか（あんたなんかに分かりはしない）」など，被害経験に触れた際には様々な感情が沸き起こり噴出する場合がある。また，被害経験の想起が怒りを倍増させることもあり，それが援助者に対して転移感情として向けられる場合がある。転移感情とは，

本来向けられるべき最も身近な親しい人（親，家族等）への欲求や不満を適切に処理できず，他者へ転じる感情のことである。援助者は，この転移感情を向けられることがあるため，冷静に客観的に判断し対応することが必要になる。転移感情を向けられるということは，逆説的に言えば，信頼と依存の対象になっているということでもあるので，それは少年が無意識のうちに援助を求めているサインだと理解することができる。すなわち，そのときが「出会い」を認識できる援助のチャンスでもあるということであり，「立ち直り」の芽吹きだととらえることができる。

【文　献】

堀尾良弘. (2014). 犯罪・非行における暴力：加害と被害. 心理科学研究会(編), 平和を創る心理学[第2版]：私とあなたと世界ぜんたいの幸福を求めて(pp.45-51). 京都：ナカニシヤ出版.

Moffitt, T. E. (1993). Adolescence-limited and life-course-persistent antisocial behavior: A developmental taxonomy. *Psychological Review*, 100, 674-701.

Sampson, R. J. & Laub, J. H. (1993). *Crime in the making: Pathways and turning points through life*. Cambridge, MA: Harvard University Press.

白井利明・福田研次・岡本英生・栃尾順子・柏尾眞津子・妹尾隆史・小玉彰二・木村知美・宝めぐみ・辻本歩・田中亮子. (2002). 非行からの少年の立ち直りに関する生涯発達的研究(Ⅲ)：リスク因子からの回復のライフヒストリー. 大阪教育大学教育研究所報, 37, 35-54.

白井利明・岡本英生・福田研次・栃尾順子・小玉彰二・河野荘子・清水美里・太田貴巳・林幹也・林照子・岡本由実子. (2001). 非行からの少年の立ち直りに関する生涯発達的研究(Ⅱ)：ライフヒストリーの分析. 大阪教育大学教育研究所報. 36, 41-57.

白井利明・岡本英生・小玉彰二・近藤淳哉・井上和則・堀尾良弘・福田研次・安部晴子. (2011). 非行からの少年の立ち直りに関する生涯発達的研究(Ⅵ)：「出会いの構造」モデルの検証. 大阪教育大学紀要第Ⅳ部門教育科学, 60 (1), 59-74.

第4章 大学生の進路未決定と支援

若松養亮

1 問題の所在

　大学は，多くの若者にとって就職する直前まで通う教育機関である。さらに大学生は，専門・専攻が定まっていることから，職業選択にも直結しうる立ち位置にいる。だが多くの大学生が職業選択の意思決定をスムーズに行えない。少し古いデータだが，2000年を過ぎた頃の調査では，就職活動サイトがオープンし就職活動が始まる3年次10月の時点で，文科系学生の45％が「この進路なら目指すと決めてもう迷わないし，これ以上具体的に詰めるつもりがない選択肢」が「ない」と回答している（若松，2012）。

　大学での専門・専攻が職業に直結する必要は必ずしもないものの，すでに就職活動が始まろうとしている時期に，そうした選択肢が1つもないという状態は，進路意思決定やその実現の点で課題があると言わざるを得ない。文部科学省（2011）は，普通科の高校生にかんして，「例えば，普通科の生徒が多く進学する大学1年生の約31％が高等学校卒業までに職業を意識せずに進学していること，（中略）平成22年3月時点で普通科の就職率は約86.6％と他の学科と比べて低くなっていること，普通科の卒業生は専門学科・総合学科に比べて非正規雇用の比率が高い（男性約50％，女性約74％）」など「多くの課題が顕著に表れている」と指摘している。ここから，高校における進路選択（ひいては中学時代の高校選択）が職業について見通しをもつことの先延ばしであり，高校の学科選択においても"つぶしが効く"，"職業分野をまだ限定しなくていい"という理由で普通科が選ばれている可能性がうかがえる。大学生における進路未決定（意思決定の遅延）は，そうしたことが発達途上で顕在化してきたものではないだろうか。

　そもそも職業の意思決定は，短い期間でなされるべきものではない。生涯発達過程のなかでは，「学校から職業への移行（school to work transition）」は大きな"段差"である。それは就職後の変化だけではない。職業は「選択」することにも大きな"段差"がある。職業の選択は，「オープン・モデル」型の意思決定と言われ，無数の選択肢のなかから，必ずしも明確でない評価基準にしたがって，探索的に比較を行っていかなければならない[※注1]。しかも選択時点で「どのようなことが自分にできるのか」という達成水準としての能力や，所属学部・学科などから実質的な制約がかかるなかで，興味や価値観，将来設計等に合った選択肢を選ばなければならない。また職業は，高校・大学といった進学先と異なり，明示的にランク化されておらず，個々人が自身の興味等に応じて考える，難しい問題解決となる。加えて我が国では「就職ではなく就社」と言われるように，職種で募集・採用をしていないため，希望する仕事内容から企業を選択することが叶わないという事情もある。

　このように考えてくると，職業選択の意思決定は，難航する方がむしろ自然であり，短期間で決めるべきでない。もっとも，時間をかけて考えれば良い意思決定ができるとも限らない。本章ではこのような問題意識から，大学生の進路（とくに職業の）意思決定，および未決定についての特質を明らかにし，支援のあり方を検討していく。

　なお本章でとりあげる「進路未決定」とは，内定や合格が得られないことを指すのではない。近年問題視されているブラック企業（劣悪な条件・待遇で若者を使い捨てるあり方をする企業）の存在を鑑みるに，内定や合格の獲得を無条件に良いこととは考えられないからである。他方，自分にとって納得のいく選択に至るまでの意思決定の過程は，仮に新卒時に内定が得られなくとも，その後の生き方に大きな影響をもつ。また適切な意思決定ができることは，上首尾な就職活動にもつながっていく。以上のことから，そうした意思決定が適切な時期までにできないことに注目していく。

注1：これに対して，クルマや家電のように有限の選択肢から決めるタイプは「クローズド・モデル」
　　　型と呼ばれる。このタイプは，選択肢の比較にも明確な評価基準を適用しやすく，その基準に
　　　かんして最大なものを選べばいい，という比較的易しい意思決定課題である。

2 未決定の人は何に困っているか

　適切な時期までに意思決定ができる人に対して，それができない人は特定の困難さを抱えて困ったり悩んだりしている，と理屈では考えることができる。しかし，若松（2012）が複数種類にわたる困難さを測定したところ，確かに相対的に強く悩まされやすい困難さはあるものの，「何に悩んでいるのかと尋ねられても，いろいろなことがわからないでいる」という状態と推察された。悩んでいる程度が相対的に高い困難さは，「興味」と「意思決定の方法」，すなわち「自分はどんなことに興味があるのか，そして進路はどのように考えていったらよいのか」というきわめて初歩的なものであった。これでは意思決定のために動きだそうにも，なかなか合目的的な行動には結びつかない。実際，彼らの進路探索行動の経験を調べてみると，3種類ある探索行動（表4-1）はどれも既決定者よりも頻度が低く（図4-1），せいぜい行われているのは，「振り返ってみた」「考えてみた」という内省的なものばかりであった。実際に職業の情報に触れる「情報収集」「外的活動」の類いは，ほとんど行われていない。これでは，実際の意思決定は進まないであろうし，就職活動が解禁されても膨大な情報量に右往左往しかねない。

　しかも，「いろいろなことがわからない」人でも，それで「困っている・悩んでいる」とは限らない。言い換えれば，未決定者で悩んでいる人は一部なのである。ワンバーグら（Wanberg & Muchinsky, 1992）は，未決定者にも不安を抱えた人と頓着しない人がいると報告したが，若松（2012）でもそれを裏付ける結果が得られた。未決定者のなかには不安傾向が強く，さまざまな意思決定課題に対して優柔不断さを示す人たちと，そうではなく，意思決定が単に遅れているだけの人がいる，とは1960年代から報告されていることだが，後者の人たちは，平均すると既決定者と同じ程度しか悩んでいない。先に述べたことと併せて考えると，あまり悩まされていないために進路探索行動も不十分なままであるし，探索行動が不十分なので，初歩的な困難さをいまだに抱えたままであると推察できる。

　ところで進路探索行動は，情報を必要としているはずの未決定者においてなぜ少なく，また既決定者も含めて実際の職業との接点が得られる情報収集や外

表4-1　進路探索行動のカテゴリーと具体的な内容

Ⅰ. 自己内省

自分のこれまでのことについてじっくり考えてみた。

自分は一人の人間としてどういう人間なのかをじっくりと考えてみた。

自分の進路を考えるために，これまでしてきたことや考えてきたことを振り返ってみた。

私のこれまでのことが自分の将来の進路とどのように結びつくのか考えてみた。

Ⅱ. 情報収集

特定の職務や会社について情報を手に入れた。

自分が進める進路にはどういうものがあるか調べてみた。

今の自分の進路からはどんな職種にどのくらいつけそうかを情報を集めてみた。

興味がある進路の特定の領域について情報を探した。

Ⅲ. 外的活動

特定の仕事で求められる役割を自分が好きになれるかどうかを調べるために，試しにその仕事についてみた。

進路の方向を考えるのに役立ちそうな催しものにいろいろ出かけた。

自分と同じ学部・専門の人で進路のことをよく知っている人と話をし始めた。

自分が持っている技能を発揮できる機会を探した。

さまざまな進路での活動を試みてみた。

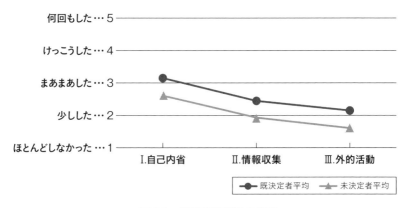

図4-1　進路探索行動の頻度

的活動はなぜなされない傾向にあるのか。筆者による面接調査からは，次のような ことが推察された。第1に，意思決定か進んでいない人ほど，進路探索行動は非効率的なものになる。対象となる選択肢は膨大であるうえに，探索の方針や条件が決まっていないからである。室山（1998）も，自分の職業興味に関する情報が与えられたか否かで職業情報検索の効率性や満足度も変わると述べている。第2に，自己内省的なものに比べて，情報収集や外的活動は時間や手間といったコストがかかる。既決定者においてもあまり行われていないのは，進路の選択肢が限定されてきて効率良く進路探索行動ができる状態にあっても，そうすることのコストに阻まれるからであろう。第3に，例えば課題レポートを完成させるための探索行動と違って，かけたコストが回収できるとは限らないからと考えられる。例えば3時間かけて企業情報をインターネット上で収集しても，企業の数はまだまだ無数にあるし，ネットでは収集できない情報も多い。進路探索行動が徒労感が伴うものだと認知されれば後回しにもなるし，できればそれをせずに選択しようとするであろう。「決めるだけ」なら，必ずしも進路探索行動は必須ではない。

　以上見てきたように，未決定者は何からどのように考えてよいか，何を考えれば，あるいは何を調べれば知りたいことがわかるのかがわからないまま，日が過ぎていくという実態になっているようである。労働政策研究・研修機構（2015）は「支援者目線による就職困難学生の特徴」のカテゴリとして「自己流の判断による困難」を挙げているが，就職活動の進め方は生半可な関わり方ではなかなかわからないし，その状態では相談にも二の足を踏む。それゆえ自己流の判断でうまくいかないまま日が過ぎていくことにもなるであろう。職業選択の意思決定とは，これまで述べてきた難しさに加えて，自分の人生の半分近くを費やす仕事を決める，というように，言うなればあまりにも「デカい相手」に立ち向かわなければならない。それでは，なぜ早くに決められる人がいるのだろうか。

3　既決定者はなぜ決められるのか

　筆者の研究（若松，2012）のなかで，既決定者が進路を決めた経緯について

いくつかの項目を提示し，複数選択で〇をつけてもらった。各項目で〇をつけた人の割合を図4-2に示す。大学入学時から選択肢を有していやすい教育学部生と，それ以外の文科系一般学部生で別々に集計したが，結果的には項目7以外にはまったく統計的な有意差はなかった。

　図4-2を見ると，該当率が高いのは項目2と6であり，これらは決めた選択肢に強い魅力を感じているという共通点がある。他方，項目1，3，4，5，8，9，10という，悩みや不安を持ちつつ，ある程度の妥協をして決めたという趣旨の項目はどれも該当率が高くはない。項目11も半数超の該当率で，やはり既決定者の多数派は，悩んだり調べたりして決めたというより，強く惹かれる進路に出会えた人たちであるらしい。

　ここで危惧されるのは，既決定者の人たちが，あまり十分な検討や吟味をしていないのではないかということである。前述したように，職業の意思決定には大きな“段差”がつきものである。強く惹かれる選択肢に出会えたといっても，現実の職業にはたいへんな側面（苦労や努力を必要とする，労働条件が良好でない，将来性が不透明など負の部分）が必ずあるものなので，その好悪両面について十分勘案し，他の選択肢とも比較・検討することが大切であるだろう。実際，先にも紹介したワンバーグら（1992）によれば，既決定者においても自信をもった人と不安を抱えた人がいるという。

　前節でも触れた意思決定の困難さの調査では，未決定者と既決定者ではどちらも評定平均が高くて差がなかったものが2つあった。それは「能力」と「実現可能性」という，いずれも自身の能力にかんするものであった。すなわち，既決定者も「採用されるか，そこでやっていけるか」ということに不安や悩みを有しているのである。これらの困難さは，実際に仕事に就いてみて，あるいは一定期間努力してみて，克服または解決できるものであることから，就職前の時点でそれほど容易に悩みから解放されるとは思えない。すなわち，そうした悩みは脇に一旦置いておくことで，意思決定ができたということなのであろう。前述の「不安をもった決定者」が一定割合存在することも首肯できる。

　進路選択はオープン・モデル型の意思決定である。選択肢が無限にあり，必ずしも明確でない評価基準にしたがって，探索的に比較を行っていかなければならないとすれば，「ベストな選択肢」を特定することは不可能である。それ

該当率(%)

1. 強く惹かれなかったが, 現実的な進路として妥協をして決めた

2. 「これはどうしても志望したい」という選択肢だったので, 決めた

3. 「もう決意しなくては準備の時間が足りなくなる」と思って決めた

4. 不安・不満はあったが, 他と比べて総合的に良い方だと思えたので決めた

5. 強く惹かれなかったが, 行き場がなくなったらいやだと思って決めた

6. 不安・不満はあったが, それ以上に魅力に感じたので決めた

7. 気になっていたことが解決／知りたいことがわかったので決めた

8. 強く惹かれなかったが, 仕事とは直接関わらない事情があって決めた

9. 目指したい進路がなかったので, 苦労して調べたりして決めた

10. 長い間気乗りしなかったが, 目指してもいいと思えて決めた

11. この進路を最初にいいと思ってから, それほど悩むことなく決められた

■教育学部
■文科系一般学部

図4-2　既決定者が進路を決めた経緯

ゆえこの型の意思決定では，効用（選択肢の良さ）を「最大化」できる選択肢よりも，一定時点における「満足化」が必要とされている。したがって能力的なところに不安があってもまずは決めてしまうことが，有効な戦略であると言える。ただし，たとえばその職に就いた後の適応可能性などの十分な検討や，選択した進路のための努力が必要であることは言うまでもない。

4　未決定者に対する有効な支援

　ここでは若松（2012）の実践研究から有効であることが見えてきた未決定者への支援のあり方を紹介する。彼らは前述のように，どのように考えたらよいかわからないという実情があるために，その道案内とペースメイクが必要である。ヘプナーら（Heppner & Hendricks, 1995）も，不安が強くない未決定者においては，抱える課題を明らかにし，それについて何をすべきか理解させたことが有効だったと述べている。また探索行動も十分に行われていないので，限られた選択肢だけで行き詰まっていることも想定できる。職業の選択肢は無数にあるので，未知の選択肢があることに未練を残さないように，一旦は広く選択肢を検討させることも重要である。ペースメイクも考えると，「こういう情報がここにあるから，次回までに調べて○○を考えてきなさい」というホームワークにすると良い。広い探索には，総合職業情報サイトが有効である（リクルート社による「スタディサプリ進路」など）。自己理解は内省のみによるなど手薄であることが多いので，職業レディネステストなど検査を実施することで，理論的・系統的に具体的な職業名や職業分野と結びつけて理解することができる。

　対面の介入場面では，論理的・現実的な問いを発して，それに回答させるというやりとりは効果的である。彼らは系統的な検討を行わず，ひとつの選択肢に対してネガティブな要素を見いだすと，すぐにその選択肢の検討をやめてしまい，行き詰まったまま停滞する。たとえばそのネガティブな部分（たとえば勤務時間が長いこと）は，他の選択肢にも同様に見られるとすれば，それは取捨選択の理由にはなりにくい（働くことの“相場”であるとわきまえる必要がある）。あるいはその選択肢がもつネガティブな部分はポジティブな部分（た

とえばやりがいが大きいこと）で補えないほど重大なことであるかを検討しないと，許容可能な選択肢を見つけにくいことになる。

　集団に対して介入する場合にも，あまりに大人数だと難しいが，上記の原則や方略が援用できる。ただ個々人とのやりとりができないので，それに代わる講義（進路はどのように考え，検討していくか）とそれに即したワークシートを用意し，記入しながら考えてもらう方策を用いる。講義では，上述の「論理的・現実的な問い」に準じるものとして，合理的な意思決定の理論を紹介し，演習（たとえば期待効用理論に基づく意思決定のシミュレーション）をさせる。これらを通して現有の選択肢を挙げ，講義に基づいて検討してもらうのだが，対個々人の場合に行う論理的・現実的な問いに基づくやりとりとしては不十分である。そのためにピア・レビューという方策を使いたい。これは，ワークシートに記載したものをもとに，自分の考えや行き詰まりをペアになった相手に対して言語化し，その相手は聴いた話に対して，講義に基づいてコメントを述べるものである。言語化することで話す側は自分が考えていることが整理され，コメントをする側は客観的に相手の行き詰まりを捉えることで，自分の行き詰まりにも照らして考えることができる。未決定者の意思決定への支援は，当然であるが「決められればよい」ではなく，その質を高めることが重要である。上述した広い選択肢の探索や論理的・現実的な問いも，合理的で納得が得られる意思決定のためのものである。ただ情報が収集しきれないことは当然想定され，また偶発的にしか決まらない部分も多いことを考えると，完全に納得できる，いわば「正解」と言える意思決定はない。したがって「わからない部分はあるが，それでもいい」という，つまり「正解となる選択肢」ではなく「正解にしていける選択肢」を探す構えが必要となる。ミッチェルら（Mitchell, Levin & Krumboltz, 1999）などに見られる比較的新しいキャリア心理学の理論，計画的偶発理論（Planned Happenstance Theory）でも，「好奇心」「粘り強さ」「柔軟さ」「楽観性」「リスクテイキング」が重要とされている。変化が速い，激しいとされるこの時代の進路意思決定には，そうした"アソビ"，言い換えれば曖昧さへの耐性をもった性質が求められる。

5　生涯発達心理学の理論的観点からみた進路未決定

　最後に大学生の進路未決定を，バルテス（Baltes, P. B., 1987）が提唱した「生涯発達心理学を特徴づける理論的観点」に沿って，改めて見てみたい。まず発達とは，生涯のあらゆる段階において連続的な過程と不連続な過程の両方が機能しているとされる。不連続な過程とはこの場合，社会人になることへの心や行動の質的な変化を指すことになるが，これまで見てきたように既決定者を含めた多くの学生において，そうした質的な変化が十分に起きていないように見受けられる。どちらかというと連続的な過程，すなわち子ども時代からさほど変わらない社会観や職業観，あるいは社会認識や職業知識が優勢な期間が長い。その過程で主に3年次生が参加するインターンシップや教育実習などは，進路指導でいう「啓発的な経験」に相当し，不連続な発達の端緒となることが期待できる。

　また発達は獲得と喪失とを含む過程とされる。職業未決定の場合，職業意思決定によって「喪失」する（見直しを余儀なくされる）であろう「職業に就いて働く」ことの自分なりのイメージを手放さないでいるために決められないように見受けられる。溝上（2004）は「現代青年に突出化した人生形成のしかた」として，「自分のやりたいことや将来の目標を出発点として大人社会に参入しようとするダイナミックス」を挙げて「インサイド・アウト」と呼んだが，実際の職業意思決定に際してはその「やりたいことや将来の目標」に対して「現実」による見直し（新たな見方の「獲得」）が迫られる。ただ悪いことに職業の選択肢は無限なので，得てして「自分の理想に合う選択肢はどこかにきっとある」という適職信仰（安達，2004）に陥ってしまい，新たな見方の「獲得」に至らないことが危惧される。

　発達は時代的な背景も反映するものであり，バルテス（1987）は「発達が歴史に埋め込まれている」と述べた。職業意思決定はそもそも難しいものであるが，この時代にその“段差”はかつてより大きくなっている。なぜならば，新自由主義経済のなかで正規雇用が抑制され，正規就職者に求められる水準が高くなっているからである。社会の成熟も進み，モノやサービスがアイディアなしには売れないこの時代は，多様性や能動性，個性，交渉力といった他人とは

異なることを求められる（本田，2005）ため，職業の意思決定や就職活動を乗り越えられない人が多くなることは想像に難くない。他方，非正規就労の需要は増大しており，「すぐに正規就労をしなくてもよい」という見方になりやすい。少子化や親の長寿化もそれを助長している。

　さらに大学進学者率が50%を超えるこの時代^{（※注2）}では，必然的に進学への目的意識も能力水準も多様な人たちが大学生となるために，職業選択や就職活動に困難を感じる人は多くなる。たとえば安達（2004）が進路未決定との関連を報告している「受身」の態度は，前述した「子ども時代からの連続的な発達の過程」に留まっているならば必然的なことと考えられる。また大学生層が多様になるにつれて発達障害と診断される人も一定の割合で存在する。彼らは，就職活動までは周囲と同じように行動することで乗り切れるものの，就職の面接では話せなかったり的外れな受け答えをしたりする，インターンシップでは臨機応変に行動できない，不注意傾向からミスや忘れ物が多いといったことで，自分の特異性に気づくことがあるという（黒木，2016）。

　生涯発達心理学では人間の「可塑性」も重視している。前述のような十分ではない発達も，2011年に改正された大学設置基準では「社会的及び職業的自立を図るために必要な能力を……培うことができるよう，……適切な体制を整える」とされており，今後，改善される環境が整えられつつある。大学生のキャリア意識や選択行動を改善していける余地は大きいと考えていきたい。

注2：文部科学省の「学校基本調査」によれば，日本の高卒者における大学（四年制と短期大学）進
　　　学率が50%を初めて超えたのは2005年であり，それ以降50%を下回ってはいない。

【文　献】

安達智子．（2004）．大学生のキャリア選択：その心理的背景と支援．*日本労働研究雑誌*．
　　533, 27-37.

Baltes, P. B. (1987). Theoretical propositions of life-span developmental psychology: On the dynamic between growth and decline. *Developmental Psychology*, 23, 611-626.

Heppner, M. J., & Hendricks, F. (1995). A process and outcome study examining career indecision and indecisiveness. *Journal of Counseling and Development*, 73, 426-437.

本田由紀.（2005）. 多元化する「能力」と日本社会. 東京：NTT出版

黒木俊秀.（2016）. 発達障害と診断された青年の「移行期」支援について. *教育と医学*, 64, 492-495.

Mitchell, K. E., Levin, A. S., & Krumboltz, J. D. (1999). Planned happenstance: Constructing unexpected career opportunities. *Journal of Counseling and Devolopment*, 77, 115-124.

溝上慎一.（2004）. *現代大学生論：ユニバーシティ・ブルーの風に揺れる*. 東京：NHK出版.

文部科学省.（2011）. *今後の学校におけるキャリア教育・職業教育の在り方について*. 中央教育審議会答申.

室山晴美.（1998）. 自己の職業興味の理解と進路に対する準備度が職業情報の検索に及ぼす効果. *進路指導研究*, 18（1）, 17-26.

労働政策研究・研修機構.（2015）. 大学キャリアセンターにおける就職困難学生支援の実態: ヒアリング調査による検討. *JILPT資料シリーズ*, 156.

若松養亮.（2012）. *大学生におけるキャリア選択の遅延*. 東京：風間書房

Wanberg, C. R., & Muchinsky, P. M. (1992). A typology of career decision status: Validity extension of the vocational decision status model. *Journal of Counseling Psychology*, 39, 71-80.

第5章 | 発達障害がある若者の支援

間宮正幸

1　はじめに

　医療，福祉，教育，労働というふうに実践の場をいくつかまたいできたけれども，筆者の心理職としての活動歴は40年におよぶ。それは，ささやかながらも人々の生涯発達支援の一翼を担うものだったといってよいだろう。

　たとえば，総合病院に勤務していたある日のこと，小児科医から虐待被害が懸念される1歳児の発達相談をしてほしいと至急の依頼があり，へとへとになってやり終えた。そして，次の面接時間にはターミナルケアで入院中の90歳女性の語りを聴くことになった。このように，成長の困難や生存の不安・緊張にふれる中に日常のしごとがあった。初めての相談事例は，今日なら自閉スペクトラム症と診断されるであろう3歳児だった。カナー（Kanner, L.）とアスペルガー（Asperger, H.）によるタイプの区別に躍起となり，日々の子どもの言動の変化に一喜一憂していた。何より，療育や教育を保障すること，その内容を保護者・保育士・教師らと共に考えていくことが課題だったが，子どもがおとなになる頃には成長しているに違いないと希望を託して取り組んだ。

　およそ20年後にしごと場を大学に移した。40年の間に自ら書き綴った相談記録（カルテ）の数は4千を超す。支援とは何かと幾度も認識の変革を迫られた。しかし，当初は，発達障害がある人々のいきづらさや生活の困難がこれほど長きにわたって続くと考える余裕はなかった。

　21世紀に入ると，発達障害がある若者の支援は筆者のしごとの中で大きな位置を占めるようになり，海外での調査も加わって，自分の専門とする教育臨床心理学研究に欠かせぬ領域になった。

　今では，人間発達援助のしごとに従事するものの多くが，発達障害がある

人々の生涯発達支援を視野に入れるようになっている。発達障害がある若者の支援に関する紹介は多々あるが，本章では，厚生労働省労働局《わかものハローワーク》における心理職のしごとの経験から得た知見をもとに，「生活と労働の保障」という観点から発達障害のある若者の生涯発達支援を考えたい。

2　発達障害がある若者

（1）生涯発達の支援

　はじめから発達障害がある人々の生涯発達の支援が叫ばれていたのではない。それゆえ，時代を遡っての議論をお許しいただこうと思う。

　1990年，筆者の主要なしごと場が総合病院小児科治療教育部から精神神経科臨床心理室に移った。このことが，発達障害がある人々の生涯発達の支援に取り組む契機になった。勤務する病院が，労働と福祉の現場に内科，整形外科，精神神経科を標榜する《障害者診療所》を開設していたので，筆者は，週に一日，そこに赴いて相談外来を担当することになったのである。身体障害，知的障害，精神障害，発達障害などがあり，むずかしい生活と労働の課題を背負った20代，30代，40代の「若者」と高齢期を迎える不安定な家族の相談が多数持ち込まれた。20代に「問題行動」が集中すること，虐待的環境下に育った若者の支援はまことにきびしいことなどが浮かびあがり，当事者，家族，施設職員，医療スタッフが夜遅くまで膝を交えて支援の実際を考えた。そこでは，多職種による共同がなければ生涯発達の支援はできないことを理解した（間宮，2004）。わが国で子どもの発達研究が勢いづいた1980年代から，1990年代の生涯発達研究の時代へという諸学界の変遷に寄り添うかのように，心理職として，筆者自身が発達支援における領域拡大を迫られた。

　もうひとつ，筆者が生涯発達の理論と支援の検討を必要としたのは，勤務した総合病院臨床心理室での臨床心理面接のしごとにおいてである。発達障害がある若者の支援と大いに関係するのでこれにふれておきたい。

　勤務していた病院には，「職業病外来」があり，来談者はうつ病や適応障害などと診断されている教師，保育士，学童指導員，福祉施設職員，看護師など

人間発達援助職と呼ばれる人々が大半を占めていた。それゆえに，働く女性のための臨床心理室というほどの趣があった。1990年代の，大都市における一医療機関の精神神経科外来の実態とはいえ，それは，わが国の社会変容の一端を示していただろう。20世紀末の日本を生きる，教育や福祉の世界で働く中高年の女性の生涯発達が主題になっていた。すなわち，しごと上の躓き，職場における対人関係，職業集団と自己との関係，夫や子どもなど家族との関係，異性関係，単身で生きる孤独感，やがて迎える老年期の生き方などの苦悩が来談者によって語られた。働く人々が，なにゆえ人生の途中でうつ病や適応障害に至るのか。人生の始まりから発達障害がある人々の困難と何が異なり，何が共通なのだろうと考えた。この問いは，発達障害がある若者の支援に生かされていく。

　生涯発達を研究したエリクソン（Erikson, E. H.：1902-1994）は，その晩年に「歴史的相対性」（historical relativity）の観点から心理－社会的な人間発達を再定義するべきだと述べていた（Erikson, 1982）。筆者もまた，わが国の歴史社会の中で歴史的相対性の観点から生涯発達を問題にしなければならないと考えた。この場合は，わが国の，教育や福祉の領域で働く女性の中高年期が「発見」されたのである。

　障害がある子どももやがて若者になり老いていく。人生の途上でうつ病を病むことも多々ある。そして，彼らを支援する職業に就く人々も中高年期に至って「うつ状態」になり一時的な発達停止を体験することがある。実際，21世紀に入ると，人間発達援助の職場では精神疾患によって休職に追い込まれるひとが急増した。この場合，職場の労働環境の急激な変容・悪化が背景にあることが知られている。

　以下に，歴史的相対性という観点をもって発達障害がある若者の生涯支援をとらえていこうと思う。

（2）若者の生きづらさ

　1990年代，精神神経科外来を受診する若者は必ずしも多くはなかったのだが，来談者のなかに，かつて小児科で筆者が発達相談を担当した20代の男性がいた。1980年代，彼の児童期に学習障害（Learning Disability）と診断された

人で，現在なら，高い知的能力をもつ自閉スペクトラム症とされるだろう。その若者は，筆者にとっての初めての「ひきこもり」の相談事例となった。彼は，「働けないのでつらい」，「何をやっても失敗するので自信がない」と訴えた。学校時代も成人してしごとに就いてからも，次々にいじめられたという。10年以上前の相談時点では，知的に高い彼らは教育を受けることで見事に成長していくであろうと予測していた。それが，必ずしもそうではないことを知らされ，心理職としての見通しの甘さを反省したことである（間宮，2005）。

　この1990年代に，わが国では児童虐待に関する世論の喚起があり，また，阪神淡路大震災や社会的事件の驚愕から被害者の心的外傷の問題に関心が寄せられた。21世紀に至らんとする頃になると，発達障害がある若者の支援においても，子ども時代の虐待と学校や職場でのいじめの被害が決して無視できないことが知られるようになった。

　新世紀に至って少し経つと，各種のメンタルクリニックを受診する若者は激増する。その中で，発達障害がある若者の割合がはなはだ高く，軽視できない状態になった。気分障害，適応障害，社会性不安障害などの診断名がつけられる。精神科医の世良（2017）が，「失われゆく病名（神経衰弱）」と題して，「日常の診療において昨今ではほとんど使用されていない神経衰弱は，実は大きな意義を持っており，自閉スペクトラム症の厄介な一つの病像と考えている」と再考を促している。ずっと以前から，発達障害がある人々の成人期の苦しみや生きづらさを，医師はこのように診断していたのではないかというのである。

　現代の若者の生きづらさは，新自由主義なる劇的な政治経済的変容が世界を席巻し，われわれの周囲にも忍び寄ってきたことの反映であると筆者はみる。1999年に「労働者派遣法」が成立した。このことは，歴史的な後退だったのであり，労働法制によって雇用の入り口に立つ若者の雇用や生活が守られることが崩壊したことを意味した。以後，急速に多くの若者が働く機会を奪われ自立した生活の基盤を失った。これは，先述のように人間発達援助者が働く場である学校や施設で苦しい叫びの声を「うつ状態」というかたちで示していることと軌を一にする。彼らもまた労働環境の退行・後退に見舞われた。

　発達障害がある人々は，障害（disabilities）による生存・成長の制限はもと

より，虐待やいじめの被害，あるいは，日常の人間関係の傷つきによってもたらされる苦しみが多々ある。むしろ，思春期青年期以後ならばそのことへの対応が支援の中核に位置づくことがある。さらに，雇用の機会を与えられず経済的な困窮が続けば彼らの生きづらさは加速される。それらの総合的な結果としての自己肯定感の欠落である。おそらくその反対ではないだろう。自己評価の感覚の獲得が重要だからといって，それを目的とする心理的支援だけでは済ましえない現実がある。

（3）若者が生きること働くこと

　筆者は，「発達障害のある若者と自立支援」（間宮，2010）と題する論考で「今日のわが国の若者の自立の困難に直面して，就労保障が第一の課題であることは言を俟たない。しかし，長期的展望をもつに必要であるのは，人格的自立を保障するための教育である。ことはそれほど大きく根は深い」と述べたことがある。すると，ほかならぬ当事者である若者からネットを介して手きびしい意見が寄せられた。彼らの複数の見解を要約すれば「自分たちの苦しさがわかっていない，若者が生きることと働くことについてまだまだ論じていない」という反論であった。それは，もっともな叫び声ではある。しかし，若者自身による政策・政治への異議申し立てというかたちをとるのではなく，おとな社会への強烈な不信感，自分たちの声が社会に届かない苛立ちの表明に思われた。小論では，研究チームを組んで内外の若者の実態調査を広範に行い，そのうえで，わが国の若者自立支援の手立てを講じようとしたつもりだが，本当の若者問題とは何なのかと考えさせられた。

　就労・雇用状況は時々の景気に左右されていく。しかし，21世紀に至ってなにゆえかくも若者が生きることと働くことがむずかしくなったのか。それを歴史のなかで，立ち止まって検討することが必要であろう。今や，青年期は新たな局面を迎えた。歴史的相対性の観点をもって捉えられねばならないと思う。

　筆者の子ども研究を導いてきたフランスの精神科医ワロン（Wallon, H.：1879-1962）が，1929年に，パリの《国立職業指導研究所》創設に参加し，労働に関する研究をはじめたことが思いだされる。発達障害児研究の先駆者ワロンは，生きることに困難をかかえる子どもたちであるからこそ，生活と労働の保

障が欠かせないといち早く気づいていた結果だろうと筆者は察している。

3　就労・自立支援の実際

（1）ハローワークの心理相談

　厚生労働省の『労働経済白書』(2004年）などの指摘によって，日本の若者の「ニート」「フリーター」という問題が脚光を浴びた。その少し後，教育学者の乾(2007）は，若者問題をめぐる論調を批判して若者の意識・態度にばかり焦点をあてるのは問題のすり替えであると論陣を張った。正鵠を射る乾の問題提起は，教育臨床心理学や生活指導研究から若者自立支援を検討しようとしていた筆者にも示唆に富むものだった。乾は，生活指導を含む教育的支援の課題を次のようにまとめている。

　第1には，若者たち自身によるコミュニティ形成を支援する社会教育実践とその担い手の形成。第2に，中・高校段階における生徒同士・生徒教師間の関係性形成。第3に，職業・進路に関わる指導の必要——厳しい労働環境の中で，誇りと希望を持って生きぬけるすべの獲得——である。筆者は，若者自立支援に関する調査的研究を行う傍ら，第3の課題に直接取り組んできたことになる。

　2006年から，厚生労働省職業安定部の新規事業（「若者の就業をめぐる心理的な悩み等に対する専門的な相談の実施」）に参加することになり，公共職業安定所学生職業センター（ヤングハローワーク）で「心理相談」を担当することになったのである。「学校から職業へ」という実際の流れを知るためにはハローワークとかかわることが必要だと考えてのことだった。現在は《わかものハローワーク》と称している。誰でも無料で利用でき敷居が高くないことが特筆されてよいだろう。ここでの心理相談を通して困難を抱えるわが国の若者の就労のきびしさの実態を知った。発達障害があるとはいえ，大卒の若者がかくも「苦戦」を強いられているのかという驚きに近いものがあった。

　以来，10年以上600名を超す若者と面接を重ねてきた。現在は，臨床心理士とは別の特別職として「発達障害者専門指導監」の名称で厚生労働省労働局により採用されている。「観察と見立て」が各段に向上している地域のハロー

表5-1　発達障害がある若者の訴え

将来が不安だ，面接の時にドキドキする

就活のモチベーションが長続きしない

新しい会社にとけこめない

自信がなく前向きになれない

前の会社を5日で辞めてしまった

ワーク窓口担当職員からの紹介が多い。表5-1は，ある年度の発達障害がある
と思われる来談者の訴えを，そのまま来談順に5件掲げたものである。年間を
通してほぼ同様の訴えが続く。

　精神科医の近藤（2010）は，「確定診断や診断書の作成などは精神科医の役
割であろうが，大まかな見立ては精神保健福祉分野のすべての職種に求められ
る技術でもある」と述べて，職種を越えて求められている基本的な対応法を示
している。そのような立場から，来談の初期の段階では必ずしも発達障害があ
る若者だと想定しているわけではないが，筆者は丁寧に相談に応じて「見立
て」を行ってきた。その結果では筆者が面接する全来談者の4割ほどが発達障
害に該当している。

　10年以上にわたる筆者の《わかものハローワーク》での心理相談の経験も，
今日の若者の就労問題の一端をうかがう資料になるだろう。ただし，ジョブカ
フェ同様，専門学校卒業以上の学歴をもつものが大半を占めており，心理相談
を利用した約600例のなかで高校卒業者は一割程度に過ぎない。ただ，ここで
注目しておきたいのは，ほぼ全員が来談まで医療機関を未受診であるか，本人
は相談機関を訪れた記憶がなかったことである。「死にたい，死にたい」と繰
り返したある若者（30代）の家族に同伴を促したところ，小学生の時に児童相
談所を訪ねたことがあるとのことだった。むろん，そういう場合がある。

　生きづらさとは，「社会的な矛盾を個人で引き受けなければならないと思い
こまされているしんどさ」と先の乾（2009）はいう。まさに，これらの若者た
ちは，自分という存在がどういうものであるのかが理解できないまま社会的な
矛盾を個人で引き受けていたというよりほかにない。ひたすら，「自立」の圧

力に答えようとして押しつぶされていたといえる。心理相談歴40年の筆者ながらも彼らの「生きづらさ」に圧倒されてもがくことがしばしばある。

（2）自己客観化と自己理解

　働いて生活の糧を得て，そして健やかに生きていくことが誠にむずかしい。ハローワーク来談者の支援が容易でないゆえんはそこにある。だから，じゅうぶんに時間をかける。そして，ていねいに面接する。

　ここである男性を紹介したい。

　初めて来談した時の北山春雄さん（仮名）は30歳に届こうとしていた。黒いスーツを着て真っ白いＹシャツにネクタイを結び，眼鏡のあたりに右手をかざしつつ通勤バッグを左手に下げて筆者の相談コーナーを訪れた。紹介者はハローワーク所内でグループミーティングを担当している職員だった。3か月間参加したミーティングの際にはひときわ目立つ言動の人だったらしいのだが，小集団編成の共同活動のなかで大いに人格の変容がおこったようだ。ハローワークではそういう人格変容の可能性をもつ集団的対応も行っている。そのことを多くの市民に知ってほしいと筆者は思う。

　「今日はどういったご相談でしょうか？」

　筆者が問いかけた。すると，「どうにもふみきれないんですよ。履歴書は書いているのですが実際には出していないんです。応募して面接したら採用されるかもしれない。だけど，その先が僕の心配」というのだった。そしてバッグからたくさんの書類を取り出した。10年ほど前に修了した専門学校ではデザインコースを選択したようである。学校では「賞」を貰ったのだという。しかし，何年間もしごとに就いていなかった。職歴欄には飲食店2か所での経験が記載されているのみだった。

　「こちらはどのような理由でお辞めになりましたか？」

　「店長とうまくいかなかったんです…」

　と即座に答えが返ってきた。

　筆者は，初回面接の際，家族の様子を詳しく聴く。家族のなかで自分の位置をどう感じているかも聴く。就労しておらず収入がない彼らはたいてい肩身が狭くて身の置き所がない。次に，学校時代の友人関係，交友関係を細大漏らさ

ず聴きとる。中学校時代に部活に入っていたか，それはどの位の期間だったかも聴く。すると社会的コミュニケーションの状態が知れる。部活で活躍していたならほっとすることもある。精神科医の中井久夫考案『風景構成画』も描いてもらう。折紙も折ってもらう。これだけでもかなりの情報が集まる。絵を描いてもらうことで親密な交流ができるうえに非言語性能力が一定把握できる。

　北山さんの父親は依存症で長年のDV（家庭内暴力）の末に亡くなり，母親がわずかの年金をもらっているだけのようだった。学校時代も現在も友達と呼べる人がいない。「洒落た店で旨いコーヒーを飲み，そこで他の客と会話をするのが楽しみだった」と過去形で語った。「がさつ」で「荒い」などと自分を語ることばが巧みだった。グループミーティングに参加したことで，自己像の客観的理解こそ就労にあたって必要とされる第一のことだとうすうす知り始めていたようであった。

　それから，心理的支援を主目的としないハローワークで例外的な回数といえる15回面接した。第6回目で「あまり人に興味がないし恋愛をしたことがない。女性にどういう言葉を使ったらよいかわからない。僕はアスペルガーか」と尋ねてきた。その時，将来のこともあるからと医療機関の受診を勧奨したが結局行けないでいる。もう少し時間がかかるのだろう。面接では，自分のことを相手に伝えることのむずかしさ，履歴書を出して面接会場に行くまでの道順へのこだわりと不安から実際には行けないこと，テーブル・カウンターをはさまなければ面接時に過度に緊張すること，年齢が近い人と仲良くなる方法がわからないこと，相手との関係をつくることばの使い方がわからないこと…。ネクタイ姿を好む北山さんに心理検査を施行したとしても，その結果からではわからない日常の生活の困難がたくさん語られた。就労・労働という場面を想定してもらうと一層困難がよく伝わってきた。他者の認知のみならず，空間，方向，順序，あるいは時間の把握，さらには臭いや光に敏感なので場所にいることだけでも苦しいことがある。まさに彼が述べたように「だけど，その先が僕の心配」と初回に語ったのはこういうことだったのかと合点した。

　過去に何回も採用面接に臨んできたが，いつも緊張のあまり声を荒げてしまい誤解されてきたという。一歩一歩，自己を客観化できてきてはいるのだが，しばらく時間がかかりそうである。今はあたかも母港のように毎日立ち寄るハ

ローワーク。そこからの出航先は福祉の店だろうか，それとも，彼が好きなコーヒー店だろうか。いつか自分の店を持ちたいという夢をもっている。

4　おわりに

　精神科医師として旺盛な診療・相談・支援の活動を行っている田中（2016）は，しだいに「生活障害として診る発達障害臨床」という実践概念を提唱するようになった。診療・相談の比重が彼らの生涯発達支援に移ってきたことが背景にあるからかもしれない。まさに，発達障害がある若者の支援とは，彼ら自身の生活障害の克服の伴走というのがふさわしいと筆者は思う。

　精神科医ワロンは，おとなの精神障害者と発達障害児らをたくさん診療して実際の相談を行った先達である。発達の異常と正常を徹底的に考え抜き，そして，学校教師の仕事に期待を寄せて教育運動に，ときに政治にも参加しながら教育的支援の方法を追及した稀有の人である。そのワロンが，晩年に遺言のような論文といえる「自我形成論」を2本残している。北山春雄さんらに会う度に，いつも，彼の「自我形成論」を筆者は感慨をもって思いおこす。生活障害を克服していく過程とは，人々との思いやりのある共同の生活のなかで，その人に合った労働が保障され，生活の糧が得られ，応答の関係のなかで自己の形成が行われる。そういうことではないだろうか。

【文　献】

Erikson, E. H. (1982). *The Life Cycle Completed*. New York: Norton.（村瀬孝雄・近藤邦夫（訳）. (1989). *ライフサイクル，その完結*. 東京：みすず書房.）
乾　彰夫. (2007). 不安定化する若者と生活指導の課題：不安定化・危機の共通性と多様性. *生活指導研究*, No.24, 20-30.
乾　彰夫. (2009). 若者はなぜに職場をすぐに去るのか. *現代と教育*, 79, 5-18.
近藤直司. (2010). ひきこもりを支援する. *臨床心理学*, 増刊(2), 177-182. 東京：金剛出版.
間宮正幸. (2004). 成長・発達過程における危機的事態からの回復と自己の形成. *北海道大学大学院教育学研究科紀要*, 96, 1-23.
間宮正幸. (2005). ひきこもりの臨床. 白井利明(編), *迷走する若者のアイデンティティ* (pp.217-243). 東京：ゆまに書房.

間宮正幸. (2010). 発達障害のある若者の教育と自立支援. *教育*, 779, 13-20 東京：国土社.

世良 洋. (2017). 失われゆく病名（神経衰弱）. *学術通信*, 114, 9-11. 東京：岩崎学術出版社.

田中康雄. (2016). *生活障害として診る発達障害臨床*. 東京：中山書店.

Wallon, H. (1946). Le role de «autre» dans la conscience du «moi». *J. Egypt. Psychol*, 1946. 2, 1; réed. in *Enfance*, 1959, 3-4, 279-286.（浜田寿美男（訳）.（1983）.「自我」意識のなかで「他者」はどういう役割をはたしているか. 浜田寿美男（訳編）.（1983）. 身体・自我・社会（pp52-72）. 京都：ミネルヴァ書房.）

Wallon. H. (1956). Niveaux et fluctuations du moi, Évol. Psychiatr., 1956, 1, 389-401 ; réed. in *Enfance*,（浜田寿美男（訳）.（1983）. 自我の水準とその変動. 浜田寿美男（訳編）, 身体・自我・社会（19-51）. 京都：ミネルヴァ書房.）

第6章 育児期の夫婦関係と支援

神谷哲司

1 はじめに

　子どもの発達支援を考える場合，その生活の場としての家族・家庭を含めた生態学的なシステムに基づく視点でアセスメントを行い，支援計画を立てる必要がある（足立，2017）。その際，支援対象である子どもの保護者としての父親と母親は，時として，子どもの「人的環境」としてとらえられがちである。しかし，発達が誕生から死までの生涯にわたる質的・量的変化であると考えるのであれば，子どもの父親・母親もまた，一人の親として，そして成人としての発達過程にあることを念頭に置かなければならない。すなわち，子どもの発達支援は，その子どもが属する家族の発達支援であり，同時に，その保護者の親発達支援・夫婦発達支援でもあるといえる。あるいは，夫婦間の調和や葛藤が子どもの発達に直接・間接に多大な影響を与えることを踏まえると，子どもの発達保障や最善の利益のためにも，健やかな夫婦の発達支援が求められているといえよう。さらに，子どもの発達支援に際しては，発達的な観点に立つことはもちろん，社会・文化の中に「発達」を位置づけられることも求められること（本郷，2017）を踏まえれば，その家族が位置づけられている，社会・文化をも照射する視座を支援者は有していなければならない。本章では，そのような観点から，育児期の夫婦関係とその支援について，現代日本における育児期家族への移行について述べたのち，家族・夫婦をとらえる視点を紹介し，さらに，家族が置かれている社会状況や地域社会の影響（メゾシステム・エクソシステム），そして，社会や文化，時代や歴史（マクロ・クロノシステム）について，概説することとする。

2　子どもの誕生と育児期家族への移行

　子どもの誕生によって，家族関係は二者関係から三者関係へと変化する。このことは，ただ単に家族成員が増えるというだけではなく，食事，排泄，移動などを自分でできない子どもの世話・養育をするという「親」としての役割が夫婦に付与されることを意味する。そのため，親としての役割を夫婦二人でどのように分担し，遂行していくのかが大きな課題となる。また，親役割を担っていくために，それまでの生活スタイル全般，すなわち，日常生活の時間配分，消費計画，余暇の過ごし方，部屋の使い方など，生活にかかわるあらゆることについて子どもを中心とした生活を組み立てることが夫婦に期待される。このことは，夫婦は子どもの要求に応える義務と責任をめぐって，育児の分担や生活の仕方に関する基本的なルールとパターンを確立することが求められていることを意味するものである。

　こうした夫婦関係の再編は容易なことではない。近年，乳幼児とかかわる経験のないままに親になる者は決して少なくなく，生まれたばかりの新生児であればなおさらであろう。生後すぐの授乳，沐浴，おむつ替えといったなれない養育の大変さは言うまでもなく，意思表示のつたない乳児の様子を探りながら，試行錯誤しながらの子育ては，身体的にも心理的にも大きなストレスとなる。また，子どもが成長し，いわゆる第一次反抗期になって自己主張が激しくなる中で，子育て生活にストレスを感じたり，時には感情的になってしまうこともあるだろう。さらに，子育てに伴うママ友，パパ友との人間関係にストレスを感じたり，子どもの養育や将来に関する経済的な不安や負担感が生じたりもするなど，多面的な生活上のストレスを抱えることになる。

　また，近年の子育て環境の特徴として，「ワンオペ育児」とも称されるように，母親に親役割（養育責任）が集中していることがあげられる。いわゆる「母性神話」「三歳児神話」とも関連するが，改めて，母性神話に科学的根拠はないことを確認しておきたい。乳幼児の発達において愛着対象は必要であるが，それが母親だけである必要はないこと，かつての日本ではそのよう複数愛着の形成が村落共同体でなされていたが，高度経済成長期以降，母親のみに集中したこと，それ以降，育児ストレスなどの家族の問題が顕在化してきているのこ

とが明らかになっている（神谷，2019）。

　このように，子育ての担い手が母親あるいは，子育て夫婦に集中し，さまざまなストレスを抱えている現代では，子どもの誕生後，子育て生活を通して，多くの夫婦がすれ違いを生じさせているようである。実際，様々なデータから，妻の夫婦関係満足度は，子どもの誕生後かなり早期のうちに低下し，それを追随する形で夫の満足度も低下すること，親役割の夫婦間調整については，現実としていまだに母親（妻）の負担が大きく，夫婦間で調整が果たされないままに妻が単独で自身のリソースを活用しながら対処していること，しかし，そこで生じた夫婦間の齟齬は，夫婦間の調和的なコミュニケーションで埋め合わせている夫婦も存在することなどが明らかにされている（神谷，2016）。

3　子育て家族・夫婦をとらえる視点

（1）家族システムとコミュニケーション

　子どもの生活の場として，「家族」をひとつの生活体としてまとまりを有するものとしてとらえる視点が，家族システム論である。システムとは，一般に，「複数の要素が相互に依存し，互いに関連付けられ，一体となって働くひとつのまとまりをもつもの」であるとされ，その特徴として「その全体は部分の総和以上のもの」を有するとされる。このことは，家族に生じた何らかの問題は，その家族成員の誰かにだけ帰属されるものではなく，その家族の成員がそれぞれ持っているもの以上のなにかによって，その問題がもたらされたものであると考えることができよう。

　さらに，家族を「システム」として見るということは，単なる「まとまり」としてみなすだけではなく，家族を，「構造」と「機能」，そして，「発達」という3つの属性から説明することを意味する。ここで，家族の構造とは，家族成員の数や，父親・母親・子どもたち（きょうだい）といった構成員を指し，家族の機能とは，秩序だった家族のコミュニケーションや役割パターンをさす。後者は，家族員が互いに影響しあい，繰り返されるコミュニケーションのパターンや秩序だった規則性（ルール）をもって繰り返される家族独特の役割パ

ターンであると定義される（布柴，2008）。

　家族コミュニケーションのルールとパターンとは，家族システム内での発言の順序とそのメッセージの持つ意味がパターン化しやすく，家族の人々の感情や思考の表現を制御する不文律になっていることを意味している。例えば，弟の無邪気な発言に対して，冷ややかな返答する姉，その姉に対して諫める母親と黙っている父親といったように，だれが会話の口火を切るか，盛り上げ役は誰か，それに茶々を入れるのは誰かといった，話者の役割はおおむね特定の家族成員に定まっており，その発言の順序もそれほどバリエーションは多くないのである。

（2）家族コミュニケーションの円環性と問題－偽解決悪循環

　このような，家族コミュニケーションにおけるルールとパターンをつぶさに見ていくと，個々の家族成員の発言や態度が他の家族成員に影響を与え，それによってその家族成員から新たな働きかけがなされていることに気がつく。これは，家族成員のコミュニケーションが，それぞれ，「原因」と「結果」として連鎖していることを意味する。例えば，子どもの不登校という問題（原因）に対して，父親が登校するように叱責することは，不登校を原因とする結果であるが，同時に，この叱責が原因となり，それに続く母親の，「登校刺激を行う夫をたしなめる」という態度をもたらし（結果），その母親のたしなめる発言をきっかけに（原因として），夫婦間の葛藤が生じ（結果），その葛藤がさらに原因となり子どもは家から出られなくなる「不登校」といった結果をもたらすというようなケースが考えられる。これらは，各々の家族成員がその家族の状態を良い方向に変化させようとしつつ，その問題を維持してしまうという悪循環（問題－偽解決悪循環）に陥っていることを示している。

　家族内コミュニケーションにおいて，ある出来事が多方向に影響を与えたり，出来事同士が影響しあって，どちらも原因でもあれば結果にもなるという込み入った因果関係の流れを円環的因果律（循環的因果律）という。一般に，人間の認知は，ある結果に対してできるだけ簡素で理解しやすい単一の「原因」を求めたがる傾向を持つが，家族の問題をとらえようとする際には，そのような，「直線的因果律」ではなく，円環的にとらえる必要があるのである。端的に言え

ば，「安易に犯人探しをしない」ことが肝要であるといえるだろう。

（3）システムの変換と家族発達

　さらに，これらの家族の構造と機能は相互に密接にかかわっているとともに，時間の流れとともに変化する中で，システムそのものの維持や変化をもたらす。そもそも，システムには内外の変化にかかわらず，形態を維持しようとする力（第一次変化；モルホスタシス）によって一定の状態に保たれるが，その安定を超えるほどの変化が生じると，システムそのものを変化させて次のステージへの発達・移行を引き起こす（第二次変化；モルホジェネシス）。後者の大掛かりな変化が生じ，家族のシステムが再編・再体制下することで，家族は発達していくのである（中釜，2008）。

　このように，子どもの問題行動や夫婦間の葛藤などは，その家族のルールやパターンの中で維持されている。家族がストレスフルな状況に直面した場合，健康な家族であれば，二次的変化を起こし，新たなステージへと家族は発達することができるであろうが，不健康な家族の場合は，変化が妨げられ，その問題を維持するようにシステムは形態を維持するのである。その意味で，問題や葛藤によってストレスを抱えている状態は，危機でもあると同時に，家族として発達する契機でもあるといえる。だからこそ，家族の発達を支援する際には，家族をシステムとしてとらえ，その円環的なコミュニケーションに目を向ける必要があるといえる。

（4）夫婦というサブシステム

　子どもの発達の場としての家族では，父親と母親という二者関係は家族システムの中核であり機軸である。先述のように，子どもの誕生や成長はその夫婦で作り上げてきたルールとパターンを再編，再体制下し，そのことで家族は発達していくが，問題や葛藤に対して柔軟に対処できず，悪循環に陥ってしまうことも少なくなく，それが子どもの発達に及ぼす影響も大きい。

　野末（2015a）は，夫婦を対象とする支援は，夫婦間の葛藤や問題を個人の病理やパーソナリティの問題の結果として理解するのではなく，夫婦をお互いに影響を及ぼしあっているシステムとして理解し，二人の関係が変化するよう

に援助することであるとしている。そのために，①夫婦を個人として理解することと，②夫婦の相互影響関係を循環的因果律で理解すること，③夫婦それぞれの源家族との関係から理解すること，④夫婦を取り巻く社会システムを視野に入れることの4点が必要であると指摘している。

(5) コペアレンティング

　夫婦サブシステムは，夫と妻という配偶者関係（夫婦関係）に焦点を当てているが，このうち，親役割に特化した夫婦の関係性を表すのがコペアレンティングである。コペアレンティングとは，元々，複数の養育者がともに行う養育行為のことであり，婚姻関係や血縁の有無や性別にかかわらず，場合によっては，子どもの母親と祖父母といった3人による共同養育などをも含む概念である。ただし，現代日本においては，夫婦二人による養育が規範としてとらえられやすく，実態としても夫婦による養育が多いことから，「夫婦ペアレンティング」ともとらえられる（加藤・神谷，2016）。

　夫婦間の実際においては，夫婦がともに調和的に子育てにかかわるばかりではなく，夫婦ペアレンティングを促進する行動と阻害（批判）する行動がとられている。実際にも，母親の促進が高いほど父親の育児関与は高く，逆に，母親の父親に対する批判は，父親の育児関与を低下させるとともに，夫婦関係も悪化させる（加藤・黒澤・神谷，2014）ことが示されている。また，子どもの外在化問題行動に端を発する夫婦ペアレンティングと父親の育児関与の循環性も確認されており（加藤・神谷，2017），夫婦関係が子どもの発達に及ぼす影響を検討する際に，重要な概念となっている。

(6) 三角関係化

　夫婦などの二者関係において，葛藤や問題が生じ，その二者間に緊張状態が生じた場合，その緊張状態を緩和させるために第三者を巻き込み，二者が連合して緊張関係にある相手を敵に回すことはよく見られる。これを三角関係化という（Bowen, 1978）。特に，子どもを持つ夫婦の場合，その夫婦関係に深刻な葛藤や緊張状態がみられるとき，一方の親が子どもを巻き込み，他方の親と対立する2対1の三角関係が形成されやすい。その場合，子どもが思春期を迎え

るころに，巻き込まれた子どもが臨床的問題を呈する可能性があることはよく指摘されるところである（野末，2015b）。かつて，「一卵性母娘」などと言われ，その親密性の高さを特徴としていた日本の母娘関係が，近年，「毒母」や「毒親」といった言葉で表されるように，仲が良かったからこそ，その「重さ」が，娘が成人して以降表面化するといった事態（信田，2015）は，三角関係化による母と娘の連合の結果であるとみることもできるだろう。

4　家族を取り巻く環境

（1）子どもの発達のメゾシステム・エクソシステム

　家族は開かれたシステムであり，その外部とのやり取りを通して変化をする。例えば，元々かかわりが希薄であった親子が，子どもが幼稚園で折り紙を教わり，それを家庭でもやるようになったことをきっかけとして親子間のかかわりが増えたといったケースや，父母ともに仕事が忙しくなったことによってストレスを抱えてしまうことで，夫婦間葛藤の頻度が増え，子どもが不安定になるといったケースなどがあげられよう。前者は，子どもが所属する2つのマイクロシステム同士のやりとりから生じるメゾシステムであり，後者は，子どもが所属しない親の職場といった親のマイクロシステムから間接的に影響を受けているエクソシステムとして位置づけられる。

（2）メゾシステムとしての家庭と学校・保育園

　幼少の子どもにとって，最も身近なメゾシステムは，家庭と学校・保育園といった2つの生活空間であろう。学校にせよ，保育園にせよ，家庭との連携を図りながら，子どもの保育・教育を進めていくことが謳われているが，地域社会や家族の脆弱化・矮小化の中で，保護者対応も困難になってきている現実がある。このことは，家庭の養育機能の低下というばかりではなく，地域社会の希薄化の問題も含めて，地域社会の中でどのように子育て環境を整えていくのかという問題でとらえなおされるものであろう。支援者に機関連携やコンサルテーションが求められる所以である。

（3）エクソシステムとしての親の職場と親のキャリア発達

　また，子どもにとってのエクソシステムとして，もっとも身近なものが親の職場であろう。これは，親の発達における家庭と職場というメゾシステムであり，親自身のライフ・ワーク・バランスの問題でもある。ここでは，親発達支援という観点から，「ライフキャリア」に着目してみたい。「キャリア」とは，狭義では，仕事や職業の文脈で用いられるが，文部科学省（2006）によると「個々人が生涯にわたって遂行する様々な立場や役割の連鎖及びその過程における自己と働くこととの関係付けや価値付けの累積」と定義されるものであり，必ずしも職業や仕事に限定された概念ではない。特に，職業に限定せず，親や妻・夫といった家庭人，市民，余暇人といった個人が社会の中で持つ複数の地位や役割に着目してキャリアを考える際に「ライフキャリア」という。この観点から，子育て家族の発達支援を考えたとき，子どもにとっての「親」に対する支援はもちろん，その「親」が同時に持つ，「夫・妻」という夫婦関係における役割や，職場における「職業人」としての役割に対する発達支援も求められていることに気がつく。働き方や，家庭での役割分担もさまざまな現代だからこそ，ライフキャリアといった，個人の発達を包括的に支援するという視点は重要であろう。

5　家族が埋め込まれている現代日本社会：マクロ・クロノシステム

（1）臨床発達的支援の今日的課題

　現代日本社会における臨床発達支援において踏まえておくべき今日的課題として，金谷（2017）は，①少子高齢化社会と②子どもの家族・家庭の変化を取り上げ，後者について，1）家庭・地域の教育力に関する意識，2）子育て経験知不足と情報化の影響，3）女性の就労と保育，4）子育てと親の介護，5）ひとり親家庭問題，6）男女間暴力，7）多言語・多文化家庭の問題を挙げている。
　これらの課題は，高度経済成長以降の社会変動の中で，様々な要因が複雑に絡み合って人口動態が変化し生じてきたものであり，その解決は容易なことで

はない。また，これらの問題の背景にあり，その問題を維持している社会・文化的，あるいは同時代的な価値観は，暗黙のうちに私たちの日常生活の中で了解されているものであり，その「暗黙の規範」が問題を維持していることを自覚することは極めて難しい。そこで，現代日本社会の有する「暗黙の規範」に関するいくつかの論考を以下に示したい。

（2）現代日本社会の有する暗黙の規範

　前出の金谷（2017）は，高度経済成長の頃に台頭したマイホーム主義から成果主義・競争主義の時代への移行が，バブルの崩壊後の不況の中で家族主義を崩し，さらにネット社会への移行によってコミュニケーション・ツールの変化が生じ，家族や地域における価値観の多様化と人間関係の脆弱化をもたらす結果になったと述べている（金谷，2017）。

　平木（2015）は，テクノロジーが進歩し，非常にコンビニエント化した社会では，赤ん坊や子どもという予測もできない手間のかかる存在は敬遠したい意識が働く可能性があること，また，グローバル化，機能化・分業化された社会で，「課題の達成」が求められるとともに，家族の「個人化」も進行し，従来の家族が有していた情緒安定機能を持たなくなっていることを指摘し，それらが，児童虐待やいじめ問題の根底にあるとみている。

　また，信田（2016）は，90年代以降の企業論理の衰退と企業家族主義的なセーフティネットの機能不全，さらには，女性の社会進出に伴うロマンティック・ラヴ・イデオロギーの瓦解によって，それまで隠蔽され続けてきた，リアルな「お金」の問題が家族を理解するための重要なキーワードになったとしている。

　これらで指摘されている「価値観の多様化と人間関係の脆弱化」，「課題達成化社会」，そして「家族のお金の問題」は，いずれも，1980年代から指摘されている「家族の個人化」を源流としているように思われる。それが，「小さな政府」を目指す新自由主義政策に見られる「自己責任論」，ハイパーメリトクラシー社会において課題を遂行する個体内要因としての「能力」，そして，共働き家族が増加する中での家庭のキャッシュフロー（家計）の「個計化」といった現代的な状態に帰結しているのではないだろうか。そうした，「個人」に収

斂する社会は，一定の「能力」を有する「大人」を前提とするため，その「能力」を持たない「未熟」な「子ども」を許容せず，その責任を母親にのみ押しつけてきたのではないだろうか。これらいずれの指摘も，子どもという「次世代」を担う存在を含み得ておらず，社会の維持（サスティナビリティ）に欠けている点で共通しているように思われる。

6 おわりに

　以上，本章では，現代社会における子育て家族の特徴とその夫婦の支援にあたっての視点について，マイクロからマクロ・クロノまで検討してきた。育児期夫婦への臨床発達的支援は，子どもを含めた夫婦双方の関係調整を念頭に置いた家庭支援であるとともに，子育ての担い手である夫婦が，子育てや自らの社会生活を営んでいくために，どのように社会的資源にアクセス，アプローチをしていくのかを考えることが重要であり，そして支援者には，そうした社会的資源をより潤滑に運用していくための視点も求められているといえるだろう。特に，子育てが母親や家族の役割であると強調される昨今，子どもと家族の発達を支援する際には，マイクロからマクロ・クロノまでのさまざまなレベルでの支援の在り方があり，特に，「子どもの育つ場（地域社会）」をどのように再興，形成していくかが大きな課題であるといえるだろう。

【文　献】

足立智昭.（2017）.　臨床発達支援の基本的視点.　山崎　晃・藤崎春代.（編）臨床発達心理学の基礎.　京都：ミネルヴァ書房.　pp.75-90.

Bowen, M.（1978）. *Family therapy in clinical practice.* Northvale, NJ: Jason Aronson.

平木典子.（2015）.　虐待といじめに見る日本の親子　平木典子・柏木惠子.（編著）日本の親子.　東京：金子書房.　pp.248-267.

本郷一夫.（2017）.　生涯にわたる発達をとらえる.　山崎　晃・藤崎春代.（編）. 臨床発達心理学の基礎.　京都：ミネルヴァ書房.　pp.2-24.

神谷哲司.（2016）.　乳幼児期から児童期にかけての子どもの成長と夫婦関係.　宇都宮博・神谷哲司.（編著）. 夫と妻の生涯発達心理学.　東京：福村出版.　pp.146-157.

神谷哲司.（2019）.　子育て環境の社会状況的変化.　本郷一夫・神谷哲司.（編著）. シードブック 子ども家庭支援の心理学.　東京：建帛社.　pp.62-71.

金谷京子.（2017）．現代社会における発達支援. 山崎　晃・藤崎春代.（編著）．*臨床発達心理学の基礎*. 京都：ミネルヴァ書房. pp.48-74.

加藤道代・神谷哲司.（2016）．夫婦によるコペアレンティングとは何か.*日本家族心理学会年報(個と家族を支える心理臨床実践Ⅱ)*, 34, 東京：金子書房. pp.136-144.

加藤道代・神谷哲司.（2017）．幼児期から青年期における子どもの外在化問題行動と夫婦ペアレンティングの関連. *小児保健研究*, 76（6）, 637-643.

加藤道代・黒澤　泰・神谷哲司.（2014）．夫婦ペアレンティング調整尺度作成と信頼性・妥当性の検討. *心理学研究*, 84（6）, 566-575.

文部科学省.（2006）.*キャリア教育推進の手引き*. http://www.mext.go.jp/a_menu/shotou/career/070815/all.pdf

中釜洋子.（2008）．家族システム理論. 中釜洋子・野末武義・布柴靖枝・無藤清子(著). *家族心理学：家族システムの発達と臨床的援助*. 東京：有斐閣. pp.3-17.

信田さよ子.（2015）．母と娘. 平木典子・柏木恵子.（編著）.*日本の親子*. 東京：金子書房. pp.207-226.

信田さよ子.（2016）.*家族のゆくえは金しだい*. 東京：春秋社.

野末武義.（2015a）.*夫婦・カップルのためのアサーション*. 東京：金子書房.

野末武義.（2015b）．内に向かう子どもと親. 平木紀子・柏木恵子.（編著）.*日本の親子*. 東京：金子書房. pp.150-169.

布柴靖枝.（2008）．家族を理解するための鍵概念 中釜洋子・野末武義・布柴靖枝・無藤清子.（著）.*家族心理学：家族システムの発達と臨床的援助*. 東京：有斐閣. pp.21-36.

第7章 中途障害をえた青年と家族の人生構築と支援

白井利明

1　受障者と家族の危機と支援

　中途障害は，先天性の障害と違って人生の途中で遭遇する予期せぬ障害であるため，これまでの健常者としての人生が突然，崩壊するとともに，永続的な障害が残存して介護が不可欠となり，障害者として生きるという未知の課題に直面する人生の危機である。危機は身体的・社会的・心理的な次元で生じ，支援もその3つの次元で必要となる。

　医学的支援は，脊髄損傷を例に説明すると，図7-1と図7-2に示されるように，受傷直後は呼吸・循環に対する救命の処置が行われる。そして，残された能力を最大限に発揮するためのリハビリテーションを受ける。社会復帰と社会参加をとおして社会的再統合がなされる。社会的支援は，本人の社会復帰と社会参加への橋渡しや介護者の負担軽減のための支援を行う。

　心理的支援は，受障者と家族が生活や人生の質を向上させるためのものであ

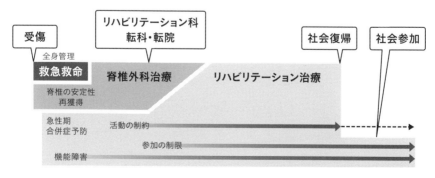

図7-1　脊髄損傷受傷から社会生活までの治療の流れ（徳弘, 2008, p.6）

る。人生の構築の支援（白井，2013）も求められ，健常者のときの自己との連続性を構築する支援も含まれる。自己の連続性とは，変化する運命に対して自分が自分であることは変わらないとすることをいう。

　中途障害による人生の危機は，家族においても生じる。突然の受障は家族にとってもショックや苦悩をもたらすだけでなく，家族の役割やライフプランの変更を余儀なくさせる。そのため，家族に対する支援も欠かせない。

　本章では，脊髄損傷を受障した青年（白井，2019）とその母親の発達を例にしながら，生涯発達支援について考える。

2　中途障害をえた青年の危機と発達

（1）救急病院時代の苦悩

　ある青年は高校2年生のとき，スポーツ活動中に首の頸椎を悪脱臼骨折し，上肢下肢とも不随意になり，寝たきりになった。身体感覚や看護の様子から，もう歩けないのではないかと思い始めていた。不治告知がなくても受傷後数日で不治を自覚し始めると言われる（日坂，2010，p.53）。

　青年は見舞いに来るたび「大丈夫」，「よくなるから」と言ってくれることに対して，「もう歩けない」ことを知らされずにいるのではないかと思うようになる。自分の責任でこうなった，向ける相手のない思いから，「世の中には悪い人はたくさんいるのに，なんで俺やねん」と思うようになったという。こうし

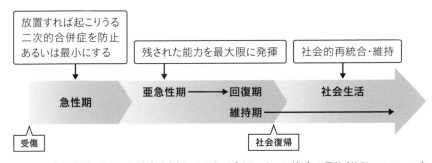

図7-2　脊髄損傷受傷から社会生活までのリハビリテーション治療の目的（徳弘, 2008, p.6）

た否定的な感情は，必ずしも一般に考えられているような身体機能の喪失のショックや悲嘆だけからもたらされているのではない。見舞いのひとの励ましに対して不信感が表明されているように，本当のことを語り合える他者の不在が孤立感や閉塞感を招いていることも考えられる。

（2）リハビリテーションにおける回復

青年はリハビリテーション病院に移り，自分と同じ境遇に置かれたひとたちと出会い，自分の体験したことの真実を知る。この後，不治告知がなされ，冷静に受けとめることができたという。リハビリテーションに専念した青年は「リハビリ期間が3カ月と決まっていて，3カ月経っていなかったのですが，校長先生が婦長さんにお願いし，倍近く伸ばしていただいたということを親から聞かされていてご厚意に応えなければという一心でした」という。学校の教師が病院に教えに来ていたことが復学の見通しと励ましを与えていたのだろう。

（3）障害の意味づけ

青年に予期せぬ出来事の有無を聞くと有ると答え，高校に復学した後，友人関係が疎遠になったことをあげた。「私は，受傷のため腹筋が使えず，特に当時は大きい声もあまりでませんでした。そのためとは言いませんが，わざわざ異なる階から以前からの友達が来てくれるわけもなく，疎遠になりました」という。「未だに何人も何人も終始敬語で話してくる方，ずっと気を遣われる方を見ると，ごくたまに，『僕が車椅子だから』とか『いやいや，このハードルを越えよう』とか人間関係のスタートラインの違いに，ふと考え込んでしまう時があります」という。障害からくる障壁の高さを痛感させられながらも，「いつも一晩寝れば，忘れてしまいます。自分でも良い性格だなといつも，しみじみ思っています」と締めくくった。

ここで「忘れる」といった対処方略は，障害の否認のようにも見えるが，そうとも言い切れない。中途障害者は，障害を自分に取り込みつつ肯定する前に，障害を自分から切り離すというストーリーの獲得が準備段階として現れると言われている（能智，1999，p.56）。今は障害を無理に意味づけないということが，後の発達にとってよいのかもしれないのである。

3　子どもの介助者としての親の発達

（1）突然の子どもの受障からくる苦悩

　母親（50代半ば）は当時（40代後半）を思い出し，手記のなかで「一瞬にして，奈落の底に突き落とされた私たち家族は，息をすることすらしんどい毎日でした」と書いている。「不思議なもので今まで家の中，外の周りの景色がグレーに見え（私の心は落ち着かなく），まるで違った場所にいるような気がずっとしました」という。これは，障害をえた青年だけでなく，家族もまた世界の連続性が断ち切られたことを示している。

　救急病院で不治告知を受けた母親は，あまりのショックで聞いておられず，途中で貧血を起こし，その場に崩れた。それに対して「今，振り返ればもっと親として毅然とした態度で，心を強く持って聞くべきでした」と手記のなかでコメントしている。現在から批評することで過去を現在から切り離し，過去の自分を受け入れているのかもしれない。

　青年が「お母さん，ぼく，頑張って怪我が治ったら，絶対歩いて家に帰るから」と話すのに対して「『一生，車椅子やで』とも言えず，どのように慰めの言葉をかけてやればよいものか，そのことを考えると，夜も眠れぬ苦悩の日々が続きました」と述べている。子どもに障害をどのように伝えるのかは家族にとって大きなストレスを与える。

　母親は子どもにスポーツ活動を許した自分を責め，また，「顧問の先生もなぜもっと注意をして子どもたちを観察してくれなかったのか」と責めた。手記では「今思えば申し訳ないことでした」とコメントしている。現在から振り返って謝罪することで，過去に区切りをつけているのかもしれない。

　街中で自然と障害者に目がいくようになり，障害のあるひとが意外と身近であることに気づく。そして，教師が「生きていてくれて，あー本当によかった，よかった」と喜んでいたことを聞き，「以前，同じ頸椎を怪我した子は亡くなられた」ことを思い，「命だけは残していただいた」と感謝した。外のことに目が向くようになると，必ずしも子どもの障害が「ありえない状態」でもなく，また教師の一言で，必ずしも子どもの生が「当たり前の状態」でもないことに

気づくことになって，子どもの受障に対する向き合いかたが変わり始めたのかもしれない。

（2）家族外の援助資源に開かれること

学校から紹介された医師から，親が子どもを受け止め，夢の実現をサポートする，という基本的な対応を知らされ，叱咤激励される。障害者手帳の交付を受ける。

リハビリテーション病院への入院の申込みに行くが，褥瘡をしっかり治してからとの指導を受け，この日は門前払いとなる。ひとのつてで，似たような境遇のひとと出会う。「世間でも，子どものような怪我の人はめったにいないだろうと思っていただけに，近くで同じような人がおられて驚きました」と言っている。そのひとも医師に怒りをぶつけたことを聞き，「全く，私たちと同じ気持ち」と思う。

そのひとの子どもは，無事退院し，苦労しながらも障害者職業訓練所に通い，企業に就職し，車の免許も取得し，結婚をし，子どもも授けられたとのことだった。このことが母親の目標となった。そのひとの妻の介助の苦労話を聞き，母親としての覚悟ができる。改造された部屋を見学し，その工夫を具体的に知ると同時に，どうしたらよいのかを知る。

家族の危機があるときは，家族の境界を開き，外部からの支援を得る。ロール（役割）・モデルとの出会いをとおして目標と見通しができ，介助者としての覚悟の下地もつくった。

（3）親子の自立

母親を安心させたのは，リハビリテーション病院でのわが子の様子だった。わが子が同じ障害のある老若男女に囲まれて笑っている姿を見て，安心するとともに，子どもに励まされる。子どもは卑屈にならず，「少しでも動けるように，出来るようにと，負けん気も出ました」と述べている。復学・帰宅への具体的な見通しがあったため，母親は「遠いのですが，毎日，病院まで見舞ってやることは苦になりませんでした」という。介助のしかたの学習も他の母親と一緒にしたので問題はなかったとしている。この時期は子どもの復学に向けた

介助の学習と子どもの帰宅のために住居の改造にエネルギーを投入した。

　青年が復学後，教室ではいつも1人で食べていたことついて，母親は「本当にかわいそうやなと思いました。が，これが現実でしょうか。逆にもっともっと精神的に強くなって欲しい思いはありました」と述べている。友人関係が疎遠になったことは青年の手記にも書かれていた。母親はわが子の自立を願うことで現実を冷静に受け止めている。

　ある日，子どもは「障害者の仕事はお決まりのようにコンピュータのキーボードをたたいていればよいというような仕事には，就きたくないねん」と，自分の思いを話したという。高校の勧めもあって，子どもは大学を受験した。その際，合格の喜びもつかの間，母親のきょうだいの子どもの死や，ある大きな事故の報道に接したことが手記に書かれている。暗いニュースと対比することで，子どもの自立が順調であることの特別さが表現されると同時に，母親自身の心の世界が明るい感情一辺倒ではなかったことも暗示されている。これは，肯定的な方向を中心化しつつ，否定的な感情でバランスが取られており，母親の心理的な回復を示すかもしれない。

　子どもが自動車教習所に通う。そして，「本免学科試験に無事合格出来た時は，本人ともども，晴れ晴れとした嬉しい気持ちでした。今までの色々な苦労は，吹っ飛びました。私はもう運転しなくてよいのだというのではなく，息子が1つ自立出来たことがとてもうれしかったのです」という文章で手記は締めくくられている。単に介助役割の終わりを意味するだけでなく，青年を一人前に育てたことの達成感も意味していよう。

4　受障者と家族に対する生涯発達支援

（1）障害受容の支援

　障害受容とは，価値転換理論によれば，障害をもつことが必ずしも人間的価値を低下させるものではないとする価値観の転換である。たとえば，「不自由だが，不幸ではない」と思えたり，新しい人間に生まれ変わったと自覚したりすることである（上田，1980）。

　南雲（2002, p.86）は，脊髄損傷後の抑うつ状態は，一般に考えられているような身体機能の喪失に対する心因反応という場合は少なく，多くは脊髄損傷に随伴する身体的原因によるものであり，抑うつに対する治療が必要であるという。受傷直後の苦悩は，何が起きたのか，将来がどうなるのかを知らされず，ケアを求めている状態である（Soundy Smith, Dawes, Pall, Gimbrere, & Ramsay, 2013, p.197）。このことは家族にもあてはまる。家族は不治告知を受けているが，不治を知らされていない本人を前にどう伝えたらよいか，苦しんでいる。しかし，たとえ不治を伝えることができないとしても，本人の語りを傾聴し，体験に名前をつけることで，異なった語り方へと変容を促すことができる（Soundy et al., 2013, p.198）。医学的治療により受傷者の身体的苦痛を軽減しつつ，受障者と家族には原因の説明や不治の宣告のみではなく，現状の理解や今後の生活の方向性が描ける情報を提供し，また受障者の自己否定的な感情に対しては自分が家族や社会のなかで大切にされ，必要とされていると実感できるようにすることで対応する（坂本・高折，2001, p.304）。

　完治への希望は，単なる受障のショックや怒りへの反応ではない。回復の希望を持ち続けること（hoping）と傷ついていること（suffering）の対立から解決や目標が立ち上がってくる（Lohne, 2008, p.238）。田垣（2014）は，仕事上の不利益や諸活動への消極さと同時に機能回復への希望をもつが，わが子への関与や障害者への支援などに受障したからこそ可能になった人生上の意義を見いだすようになるという。

　受障者の心理的な支援では，語られた過去を共有し，過去の葛藤と向き合う過程をともに歩むが（小嶋・岡本，2007, p.72），その際，身体に意識を向けることにより，身体と心のつながりが取り戻され，分断された自己の存在の全体性が回復することがある（小嶋・岡本，2007, p.82）。

　障害者を環境に適応させるようにするだけでなく，社会統合を促進するために直接的環境や社会全体にも介入する。障害のあるひとに対するスティグマ（偏見に基づきラベルを貼ること）の解消，自助グループなどのコミュニティの提供，障害者に住みよい街づくりといったことである（南雲，2009, p.907）。

（2）機能回復の支援

　青年はリハビリテーションの体験を振り返って，「自分の障害が認められず ふさぎこんでいるような方は見た限りではいなかった」「毎日が『新しいことが できた』喜びの連続で憂いどころではなかった」と述べている。チクセントミ ハイ（1996）のフロー理論から説明すると，リハビリテーションは専門家が提 供した最適経験が本人の能力に合った挑戦を引き出すことで内発的動機づけを 高め，目の前の課題に専念させる。そのことにより，障害に焦点化するのでは なく，自分の中の残存する能力や自分の周囲の人の力に視点を移すことができ る。絞られた明確な目標に集中するために，受障はネガティブな出来事である にもかかわらず，「毎日が『新しいことができた』喜びの連続」というポジ ティブな意味づけがなされる。家族も，介助の学習や住宅の改造など，限られ た時間内で実現しなければならないため，現在に集中した。

　ただし，中途障害のあるひとへの支援といっても障害の内容によって異なる。 脊髄損傷の場合は明確に機能の喪失と残存が区別され，移動能力の獲得に主眼 が置かれるが，脳卒中の場合は失われた機能を最大限克服しようとする個人的 な努力に焦点が当てられる（大島・飯田・長崎，2018，p.254）。

（3）人生構築の支援

　受傷者は，損傷による激しい痛みが生じるとともに，他人のペースに依存し なければ生活できないつらさを抱え，家族内における自分の役割を模索し，医 療者に対する感謝の気持ちと理解してくれないつらさや失望をいだくと同時に， 自分が生きていることを喜んでくれる家族や友人，残存能力を認めてくれる医 療者の存在が生きる希望につながっている（松本・泉，2007，p.84）。受傷直後 は死を意識するものの，生きる意欲は，普段の生活に近づくこと（たとえば， ただ食べているのではなく，食べ物を味わうことで喜びになる），自分でできる ことを拡大すること，苦痛が軽減すること，家族や関係者の生きてほしいとい う思いを感じること（自分の役割の喪失は存在の否定につながるが，生きてい るだけで価値があると思うことで生きる意欲が出てくる）から生まれていた （日坂，2010，p.46）。

　介護者となる家族には，受傷直後から，損傷の状況把握ができないことや受傷者の生命や苦悩，障害告知をめぐる医療者との判断の対立や身近なひとたちによる不快な言葉かけ，日々の生活や将来の不安がストレスとなる（坂本・内田，2006，p.114）。本人と家族の立場に立った医療者の情報提供，また介護役割や周りの人との調整から解放するための社会的支援が求められる。

（4）発達し合うことの支援

　発達でみると，青年期の受障では，社会での役割を取得し，自己を定位するため，社会や他者との関わりのなかで自らの独自性を確認することに直面するが，中年期以降の受障では，健常者として歩んできたこれまでの人生との連続性を構築し，自分の人生をそうあらねばならなかったもの，ほかとは取り替えられないものとして統合することに直面する（小嶋，2011，pp.38-39）。

　発達の時期は障害と矛盾が生じることもある。たとえば，青年期は仲間集団に同調したり，性的な行動も求めたりする時期であるが，障害のために必ずしもかなわず，深い孤独を味わうこともある。そもそも青年期は親から独立する時期であるにもかかわらず，受障は青年の親への依存をもたらし，青年期を延長させてしまう。母親の側では母子分離が求められるが，母親には介助が求められるという矛盾に直面する。それに対して，事例では，青年は母親に見守られて自立し，母親の側は青年の自立に促され，またそれを促すことで，親子の自立を果たした。

　このように，発達とは中途障害を本人と家族が受け止め合う過程だけでなく，互いの役割を変化させ，発達し合っていく過程でもある。その意味では，生涯発達支援は，中途障害のあるひとと家族が自分たちの過去・現在・未来と向き合って生きることへの支援であると言える。

【引用文献】

チクセントミハイ, M. 今村浩明（訳）. (1996). フロー体験：喜びの現象学. 京都：世界思想社.
日坂ゆかり. (2010). 急性期の頸髄損傷患者の体験と生きようとする力に影響を及ぼす看護ケア. 日本クリティカルケア看護学会誌, 6, 46-54.

小嶋由香.（2011）.*脊髄損傷者の語りと心理臨床的援助：障害受容過程とアイデンティティ発達の視点から*.京都：ナカニシヤ出版.

Lohne, V. (2008). The battle between hoping and suffering: A conceptual model of hope within a context of spinal cord injury. *Advances in Nursing Science, 31*, 237–248.

松本浩子・泉キヨ子.（2007）.脊髄損傷患者の急性期における体験.*日本看護研究学会雑誌, 30*, 277–285.

南雲直二.（2002）.*社会受容：障害受容の本質*.東京：荘道社

南雲直二.（2009）.障害受容と社会受容.*総合リハビリテーション, 37*, 903–907.

能智正博.（1999）.障害者における自己の捉え直しとしてのライフストーリー：語りの教育心理学.*発達, 79*, 49–48.

大島埴生・飯田淳子・長崎和則.（2018）.中途障害者の生活の再編成に関する先行研究の検討.*川崎医療福祉学会誌, 27*, 247–258.

坂本雅代・高折和男.（2001）.脊髄損傷者の不治告知前後の心理について.*大阪教育大学紀要(第Ⅲ部門), 49*(2), 293–304.

坂本雅代・内田まゆみ.（2006）.受傷後1年以内で入院中の脊髄損傷者を看病する主たる介護者の苦悩.*日本看護学会誌, 15*, 114–121.

白井利明.（2013）.人生の立ち上がりとその支援：時間的展望の視点から.*N：ナラティヴとケア, 4*, 88–93.

白井利明.（2019）.中途障害のある青年はどう自己連続性を構築するか：語りの前方視的再構成法による分析.*発達心理学研究, 30*, 34–43.

Soundy, A., Smith, B., Dawes, H., Pall, H., Gimbrere, K., & Ramsay, J. (2013). Patient's expression of hope and illness narratives in three neurological conditions: A meta-ethnography. *Health Psychology Review, 7*, 177–201.

田垣正晋.（2014）.脊髄損傷者のライフストーリーから見る中途肢体障害者の障害の意味の長期的変化：両価的視点からの検討.*発達心理学研究, 25*, 172–182.

徳弘昭博.（2008）.脊髄損傷者の社会復帰＜総論1＞.住田幹男・徳弘昭博・真柄　彰・古澤一成(編)（2008）.*脊髄損傷者の社会参加マニュアル*　NPO法人 日本せきずい基金, pp.2–16.　URL: http://www.jscf.org/jscf/osirase/2008_3_manual/manual-1.pdf（2019年5月13日閲覧）

上田　敏.（1980）.障害の受容：その本質と諸段階について.*総合リハビリテーション, 8*(7), 515–521.

第8章 認知症をかかえる高齢者と支援
——曖昧な喪失とその人らしさ

山口智子

1 はじめに

　平成29年版高齢社会白書によると，65歳以上の高齢者人口は3,459万人であり，総人口に占める割合は27.3%である。高齢者のうち，認知症の有病率は15%であり，約7人に1人が認知症をかかえる状況である。80歳以上になると，4〜5人に1人が認知症をかかえる状況であり，認知症とどのように向き合うのかが個人や社会に問われている。そこで，本稿では，社会の動向も踏まえて，「認知症をかかえる高齢者とその支援」について考えたい。

2 認知症と認知症をめぐる社会の動向

（1）認知症とは何か？

　認知症は，「いったん正常に発達した知的な機能が，脳の器質的な病変によって，持続的に低下し，複数の認知機能側面に欠損があるため，社会的または職業的機能に支障をきたすようになった状態」である。原因疾患により，記憶障害が顕著なアルツハイマー型認知症，損傷部位により症状が異なる脳血管性認知症，幻視が生じるレビー小体型認知症，人格変化が生じる前頭側頭葉変性症などがある。脳の障害が原因で生じる記憶障害，見当識障害，実行機能障害などを中核症状といい，全ての認知症の人に現れる。中核症状に不安やストレスなどの要因が加わって二次的に生じるものを周辺症状（認知症の行動・心理症状：BPSD）といい，幻覚，妄想，徘徊，暴言などがある。介護においては，中核症状よりも，暴言や徘徊などの周辺症状が問題になりやすい（河野・

尾崎，2014)。

（2）認知症をめぐる社会の動向

①医療：認知症疾患治療ガイドライン2017（日本神経学会，2017）

　2017年に改訂された新たなガイドラインは，これまでの医療が認知症の早期診断と治療導入に重点があり，本人と家族の受ける心理的打撃や将来に対する希望のない恐怖を緩和する対応が不十分であり，認知症の人と家族の生活の質（QOL）を高めるためには，診断後支援（post-diagnostic support）が必要であると指摘している。ガイドラインには，介護で問題になりやすいBPSDと対応も示されている（表8-1）。なかでも，アパシー（無気力）は介護負担が少ないため見過ごされやすいが，施設に入所している高齢者に生じやすく，心身の機能低下につながるため，改善が望まれる。対応として個々人に合わせて構築されたアクティビティが推奨されている。

　認知症の合併症には，せん妄，嚥下障害，低栄養，サルコペニア（筋量と筋肉の減少による身体的機能障害，生活の質の低下，死のリスク），フレイル（加齢による生理的機能とストレスへの耐性の低下），転倒・骨折などがあり，身体的なケアも重要である。近年，フレイルと認知機能障害の関連が注目され，会話しながらの歩行などの有効性が報告されている。認知症の人も各個人に合わせた運動によりサルコペニアやフレイルが改善できる可能性がある。

②国の施策：認知症施策推進総合戦略（新オレンジプラン）

　「認知症施策推進総合戦略～認知症高齢者等にやさしい地域づくりに向けて～（新オレンジプラン）」は厚生労働省など12省庁がかかわる国の施策であり，厚生労働省が2012年に公表した「認知症施策推進5か年計画（オレンジプラン）」を元に策定された（厚生労働省，2015）。プランによると，団塊の世代が75歳以上になる2025年には，認知症の人は約700万人前後，高齢者の約5人に1人が認知症になると想定されている。施策は認知症の人の意思が尊重され，できる限り住み慣れた地域で自分らしく暮らし続けることができる社会の実現を目指すものである。施策の柱は，①認知症理解の普及，②適時・適切な医療・介護等の提供，③若年性認知症施策の強化，④介護者への支援，⑤認知症の人

表8-1 認知症の行動・心理症状（BPSD）の症状と対応（認知症疾患治療ガイドライン2017より作成）

BPSDの症状	対応
不安	さまざまな認知症の行動・心理症状の原因や誘因になりうる。安心させる声かけや態度で接することが基本。
焦燥性興奮	パーソンセンタードケアが基本。症状が生じた理由や原因を考え，解決する。介護者が適切な会話スキルを学び，実践する方法も有効である。
幻覚・妄想	受容的に接し不安を軽減し，安心感，役割，生きがいをもってもらう。自己の能力低下，家庭内や社会的立場に対する喪失感が関係する。
うつ症状	状況を考慮し受容的に接する。ソーシャルサポートの利用，回想法，音楽療法が有効。介護サービスの利用が現実的対応。
徘徊	理由や原因を認知症者の立場になって考え対処する。切迫した気持ちのときは訴えを傾聴し，安心させる。服や靴に連絡先を書くなど発見されやすくする対策を講じる。睡眠パターンの改善で徘徊が減少する場合もある。
性的逸脱行動	行動を促進する環境要因を排除し，代替行動を導入する。脱抑制を憎悪する薬剤を中止する。
暴力・攻撃性・不穏	焦燥性興奮に準じる。
（レム期睡眠行動異常症以外の）睡眠障害	正確な症状の把握，鑑別診断を行い，睡眠障害が慢性化する要因（疼痛や頻尿などの身体症状，精神症状の憎悪，心理・社会的ストレス，嗜好品や薬剤の影響）を排除する。日光浴，身体活動，午睡の制限，睡眠環境の改善などを多面的に行う方法も有効とされている。
アパシー	介護負担は少ないが治療の対象となる症状であり，個々人に合わせて構築されたアクティビティによりアパシーの軽減を期待できる。

を含む高齢者にやさしい地域づくり，⑥認知症の予防，診断，治療，リハビリ，介護等の研究，⑦認知症の人と家族の視点の重視である。新たに加えられた⑦は，認知症の人と家族のニーズ，心理を理解することの重要性を指摘するものである。また，介護者もケアされるべき存在であり，介護者への心理教育は介護者の燃え尽きやうつを軽減することが指摘されている。

　このように，認知症に関する取り組みは，近年，急速に展開し，医療でも国の施策でも，医療や介護の支援体制作りから，認知症の人と家族のニーズ，心理を理解した支援や地域づくりに関心が向けられる段階になっている。

3　認知症をかかえる高齢者のこころと心理的支援

（1）認知症になること

　もし，あなたが「認知症です」と告知されたら，どのように感じるだろうか？　若年性認知症の告知を受けたクリスィーン・ブライデンさんは，自分自身という存在が頼りなくなっていくことへの戸惑いや不安，頭に霧がかかり，すぐに混乱し，疲れ果てることへの不安や焦りなど，自らの体験を語った。自分自身が頼りなくなり，家族もわからなくなるのではないかという不安はアイデンティティの危機であり，大きな喪失体験である。しかし，後にスピリチュアル回想法をまとめたエリザベス・マッキンレーとの対話を通して，「私はなくならない。私は私になっていく」とブライデンさん自身が希望を見出すことができた（Bryden, 2005）。

　認知症になると，「何もわからなくなる」というのは誤解であり，不安や喪失感は大きく，きめ細やかな配慮，支援が求められる。

（2）心理的支援

　次に，認知症に対する心理的支援の代表的な理念や技法を紹介する。

①回想法とライフレヴュー

　従来，高齢者の回想は老化の現れとして否定的にとらえられていた。しかし，Butler（1963）は，高齢者が死を意識することで，人生を回顧すること（ライフレヴュー）は自然なプロセスであり，未解決の葛藤を解決し，人生に新たな意味を見出すと指摘し，回想やライフレヴューへの関心を高める契機となった。

　わが国でも，1990年代から，認知症の人を対象として，入所施設やデイサービスなどでグループ回想法などの実践が行われている（黒川，1994；野村，1998）。認知症に対する回想法の効果について，奥村（2011）は，アルツハイマー病の高齢者の語彙数や他者への関心の増え，交流が円滑になるだけでなく，介護スタッフの高齢者イメージが肯定的に変化したことを報告している。筆者がグループ回想法に参加した経験でも，最近の記憶が曖昧になり，多くの支援

が必要になった方が，過去の出来事を生き生きと詳細に語る姿は高齢者の人柄，人生を伝え，残されている力を感じさせるものであった。

　なお，認知症が進行し，言語でのコミュニケーションが難しいときは，具体的な品物や作業を取り入れた内容にすると高齢者の負担は少なくなる。また，つらい体験が語られる場合，話をそらさず，話に耳を傾け，その経験を抱えながら生きてきた人生をねぎらい，受けとめることが重要である（山口，2017）。

②パーソン・センタード・ケア（Person-Centered Care）

　現在，認知症ケアの基本となっているパーソン・センタード・ケアは，認知症の人の「その人らしさ」(personhood) を尊重した，認知症の人と支援者の相互交流である。ケアする側がケアを提供するだけでなく，認知症の人が自分自身と支援者が尊重しあっていることを意識できる交流である。長い人生を生きてきた認知症の人が大事にしているもの，したいことを自由にできることが重要である。認知症の人が求めるものは，愛，くつろぎ，アイデンティティ，結びつき，自らたずさわること，社会とのつながりであり，支援の対象は，「認知症」ではなく，認知症をかかえる「人」である。（Kitwood, 1997）。

③現実見当識訓練（リアリティ・オリエンテーション：RO法）

　現実見当識訓練は認知に焦点を当てたアプローチで，見当識障害の是正と現実認識を高める方法である。高齢者に自分が誰で，どこにいて，何をしているのか，周囲で何が起こっているのか，今はどんな時間かを気づくのを援助する。ただし，日常生活の中で，いろいろな物や人の名前を繰り返し聞くと，高齢者は試されている感覚になってしまう（奥村，2011）。

④バリデーション療法

　バリデーション療法は，1980年代に提唱された認知症の人に対するコミュニケーション法である。Feil（1993）は，見当識を是正するのではなく，認知症の人の内なる現実そのものを受けとめること，その人のニーズを理解することを重視する。例えば，徘徊も家族を養う責任感や仕事への未練から「今から仕事に行く」という想いが生じるなど，その人が人生の終盤において，人生でや

り残した事を「解決」しようとしていると考える。

　技法で重要なものはセンタリング（精神統一）である。支援者が心の雑念を取り払い，自分の感情を脇におき，思考を鎮め，自分の内にある強さや能力を引き出す方法であり，高齢者が不穏になったときには，このセンタリングが役立つ。認知症が進み，言語での意思疎通がむずかしくなったときは，アイコンタクトやタッチングなどの非言語的コミュニケーションが有効となる。

⑤認知リハビリテーション

　認知リハビリテーションは，神経心理学や認知心理学に基づく機能回復や生活障害の改善を目指すアプローチである。認知機能をアセスメントし，保持されている機能を最大限に活用し，可能な限りその人らしい生活が送れるように援助することである。脳活性化パラダイムによる学習療法，誤りなし学習理論に基づく記憶訓練，メモリーエイドの使用などがある（松田，2006）。

（3）認知症や支援を理解する視点と実践の紹介

　これまで述べてきたように，認知症に対する医療，国の施策は急速に展開し，支援の理念や心理的技法も提唱されている。しかし，頭では病気と理解している家族が認知症をかかえる高齢者の言動に声を荒げてしまうのはなぜだろうか。ここでは，認知症や支援を理解する視点と実践を紹介したい。

①認知症を理解する視点：曖昧な喪失

　ボス（Boss, 2011）は，大切な人の身体的あるいは心理的な存在 / 不在に関する曖昧性がある状況を「曖昧な喪失」とした。曖昧な喪失には，行方不明など身体的には不在であるが心理的に存在するタイプとアルツハイマー病など身体的に存在しているが心理的に不在のタイプがある。これらは喪失が曖昧であるために，家族は，①状態をどう理解してよいか戸惑い，問題解決ができず，②関係性や役割の変化が阻止されて，アイデンティティが揺らぎ，③周囲からの支援が得られにくい。ボスは，認知症である高齢者が今までと変わらないのか，変わってしまったのかに戸惑う家族が自身のアイデンティティさえも揺らいでしまうことは，当事者の弱さや関係性の問題ではなく，曖昧性がもたらすもの

であると指摘している。家族の支援は，このどっちつかずの不安定さをかかえて生きることを支援することであり，この視点は高齢者のBPSDへの対応や家族の燃え尽きを理解することや支援に役立つ。

②支援を理解する視点：「その人らしさ」と人生の物語

　「その人らしさ」（Kitwood, 1997）は認知症ケアの重要な理念であるが，それは，認知症の人の主体性や尊厳を守ることがいかに難しいかを示している。認知症の人が「昔は姥捨て山だったのに，（入所施設にいられるのは）ありがたい」と語るのは，認知症の人自身の価値観による発言であり，その根底には，「役に立たない高齢者は不要」という高齢者差別（エイジズム）があるとも考えられる。認知症の人はしたいことを聞いても応えない場合が多い。認知機能の低下が原因というだけでなく，高齢者自身が「主張する権利はない」と思っている可能性もある。したいことが言えないと，「したいことがない人」と見なされて，ケアされるだけの人となり，アパシーにつながる。そのとき，「その人らしさ」の理解に，人生の物語（McAdams, 1993）という視点が役立つ。その人はどのような人生を生き，何を大切にし，何を伝えるのかである。

　認知症をかかえる高齢者は，当初は，思い違いや失敗を重ね，疲れを感じ，「どうなっていくのか」と漠然とした不安を感じる。また，認知症の告知は，先述のクリスティーン・ブライデンさんのように，アイデンティティの危機である。人は日常の連続性を分断する出来事を経験すると，出来事に圧倒されて，主体性が脅かされる。そのとき，「なぜ」と問い，出来事を聴き手に語り，人生の物語を語り直すことができると，ブライデンさんのように，「自分は自分である」と新たな自己を獲得することができる。

　さらに，認知症が進んで，自分の子どもがわからなくなった女性が，施設で，かつて仕事としていた保育（人形の世話）を続けていることも，その行動は人生の物語そのものである。また，ある女性歌手の母親も目の前にいる娘（歌手）は分からなくなっても，「○○（歌手の名）の母」ということは忘れなかった。「○○の母」は，余分なものをそぎ落とした究極の人生の物語である。

　大村（2009）は在宅ホスピスの経験から，医療職や介護職のように「具体的な何か」ができない無力感こそ，病気の前で絶望している人とつながる接点で

はないかと述べ，高齢者に唄を習い，オペラを見せてもらう経験から高齢者が
伝えたい想いを受けとめる意義を指摘している。高齢者の人生の物語を理解し，
伝えたい想いを大切にする姿勢が，「その人らしさ」の尊重につながる。

③実践から環境療法の意義を考える

　小山（2011）は，認知症が重度になると，セッションとしての回想法では限
界があると考え，「大人の学校」として施設そのものを回想空間にしている。
認知症の人の施設では，このような工夫をしたコミュニティ作りが求められて
いるではないだろうか。筆者が訪問した北九州市A施設での実践を紹介したい。
　A施設は病院に併設された複合型の認知症高齢者施設である。園芸療法を積
極的に取り入れており，病院と高齢者施設の間には庭園があり，広い裏山には
木々が茂り，小道には紫陽花が咲いていた。小川には，ボランティアの方の協
力で，ホタルの幼虫が放流されることもあり，野菜畑では，キュウリなどが栽
培されていた。入所施設では，皆が集まるフロアの奥に，畳の部屋があり，火
鉢や足踏みミシンがあり，祖父母の家のような懐かしさが醸し出されていた。
　デイケアに通う方は，裏山の急な坂道を上り，足腰を鍛え，園芸作業に取り
組むこともできる。入所されている方々はフロアに集まり，刺繍など細かな作
業に集中されていた。筆者は作られた作品や刺繍をされている様子を見て，現
在の70代から90代の方々の根気強さ，集中力に驚くと同時に，物のない時代に
根気のいる仕事や家事に携わられた姿が浮かんだ。現代の物質的な豊かさや効
率性とは異なる，穏やかでゆっくりとした居心地のよい時空間であった。
　入所当時，「自分は何もできない」と消極的になり，アパシーの様相を呈し
ていた方は，動物の世話をすることや有機栽培の野菜を家族に食べてもらうこ
とを目標にし，生きがいになっているというお話をうかがった。ケアを受ける
だけの存在ではなく，これまでのように，ケアもできる存在であること，役割
や生きがいを持つことが，アパシーからの回復に役立つ。
　この施設で大事にされていることは，高齢者一人一人の声を聴くこと，声を
拾い集めることである。例えば，何か活動しているときに，ふと，話される田
植えを懐かしむことばをすくいあげ，稲を育てることを後押しするのである。
高齢者に，「何かしたいことがありますか？」と聞いても，したいことは出て

こない。認知症をかかえ，不安やふがいなさ，肩身の狭い想いを感じている方がやりたいことを語るのは難しく，声を拾い集めることで，はじめて，その人の人生からうまれる，その人らしいニーズが理解できるのである。

④実践から作業の意義を考える

認知症の人が経験する認知機能の緩徐な低下は不安を高め，自尊心を傷つける。それをしのぐには，A施設の取り組みのように，刺繍や模型作りなど何か没入できるものがあるとよい。また，作業は，認知症の方だけでなく，スタッフにとっても，程よい相互交流をしやすい状況である。以前，介護職員の方からは，入所者が何もしていないときに，声をかけると個人的な話になって，途中で話を切るのが心苦しいので，声をかけづらいという話をうかがったことがある。作業は手を動かしながら，作業にまつわる話などができる利点がある。また，作業は，体を動かし，役に立っているという感覚にもつながりやすい。アパシーは最も頻繁にみられるBPSDであり，表8-1のように，個々人にあうアクティビティを見出すことがアパシーの軽減には有効である。このように考えると，認知症の人にとって，作業は，喪失をしのぐための没入の機会，程よい距離感を保てる相互交流の機会，役割を意識できる機会となり，その意義は大きい。

4 認知症をかかえる高齢者の家族に対する心理的援助

（1）家族のこころ

元気でしっかり者だった親や祖父母が認知症になり，徐々にいろいろなことができなくなることを介護することは，家族にとって先の見えない体験であり，曖昧な喪失である（Boss, 2011）。介護者は高齢者に以前と変わらない姿を期待し，「どうしてできないのか」と悩み，本人に厳しく接して，自責的になり，周囲から孤立する可能性がある。特に，認知症のBPSDとして，物盗られ妄想などの精神症状や徘徊などの問題行動があると，家族は大きなストレスを感じ，疲弊する。介護は，時間的・身体的・経済的な負担もあり，家族の生活や人生

設計にも影響を及ぼす。介護認定や介護サービスの利用などの調整などの対応もある。介護離職（介護のために離職すること）は，介護者の社会とのつながりや経済基盤を不安定にする。介護者が一人で介護を抱え込み，疲れて，精神的に追い詰められてしまうと虐待や介護心中につながる可能性が高くなる。

　一方，認知症によって，家族が協力しあい，認知症の人や家族との関係が再構築されるなど，認知症のケアや看取りから多くのことを学ぶ機会にもなる。

（2）家族に対する心理的援助

　このような家族への援助にはカウンセリング，心理教育，ケアマネジメント，家族会への参加が考えられる。

　心理教育とは，病気や障害に罹患したことによる心理的葛藤への心理療法的介入と，病気の理解や必要なスキルなどの情報を提供する教育的介入を統合したものである。アルツハイマー病患者と家族への心理教育は，病初期は，患者の心理的葛藤や苦悩の緩和を図る心理的サポートと生活上の問題の理解と対応を支える教育的アプローチを行う。中期は心理的サポートに加えて，BPSD に対する具体的対応が必要になる。家族には BPSD の理解や対応，介護サービスの利用に関する助言が有効である。後期は高齢者の自立度は低下し，介護が常に必要となる。心理教育の中心は家族支援であり，介護方法の指導や施設介護やターミナルに向かうプロセスを支える。

　なお，カウンセリングや心理教育などの心理的援助だけでは限界があり，高齢者や家族のニーズに応じて，介護サービスやデイサービスの利用，家族の休息のための施設への一時入所（レスパイトケア），施設入所など，医療や福祉の資源に繋ぐケアマネジメントが有効である（山口，2017）。

5　認知症をかかえる高齢者と家族への心理的援助を行う場合に必要な配慮

　心理的援助における必要な配慮は，第1に，認知症の人，家族にとって，認知症になることは，大きな喪失体験，危機になることを理解することである。

　第2に，疾患の可能性や身体的要因を考えることである。正常圧水頭症や硬膜下血腫などは，手術で認知機能も回復する。せん妄も身体的要因から生じる

場合があるので，「歳だから」と決めつけてはいけない。不安や葛藤，家族関係，パーソナリティの問題など心理面だけに注目すると，疾患を見過ごす。疾患に関する知識を深め，必要に応じて医療機関を紹介することが必要である。

　第3に，介護する家族には，その人自身の人生がある。介護を一人でかかえこまず，介護や福祉制度を理解し，社会的資源を活用する視点が必要である。

　第4は，自殺を回避することである。認知症では，告知後に将来の不安や家族への負担を苦にして自殺を考える場合がある。他の年代に比べ，訴えが少ないため，わずかなサインに気づくなどきめ細やかな配慮が必要である。

　最後に，高齢者の方のその人らしさ，人生の物語を理解し受けとめようとする姿勢である。

6 おわりに

　「その人らしさ」「人生の物語」から考えると，認知症をかかえる高齢者への支援とは，何かを再考する必要がある。高齢者は認知症をかかえていても，単にケアを受けるだけを望んではいない。自分らしくありたい，誰かに人生で得てきたことを伝えたい，役に立ちたいという思いもあることを尊重したい。認知症の人を介護することは曖昧な喪失であり，認知症の人は「老い」「人生」「家族とは何か」「人間とは何か」を問いかける存在である。高齢者も含めて皆が安心して暮らせる，認知症にやさしい地域作り，社会の実現が求められている。

　また，認知症をかかえる高齢者や家族の支援について，生涯発達心理学にはいろいろな可能性がある。特に，認知症の告知という深刻な喪失体験と，それに続く緩慢な機能低下という曖昧な喪失を巡るこころの理解と支援，認知症や軽度認知障害における認知機能の的確なアセスメントと支援，認知症をかかえる高齢者とのコミュニケーションや関係性の理解や支援など，今後の展開が望まれる。

【文　献】

Boss, P. (2011). *Loving Someone Who Has Dementia: How to Find Hope while Coping with*

Stress and Grief . Jossey-Bass.（和田秀樹・森村里美．（訳）．（2014）．*認知症の人を愛すること：曖昧な喪失と悲しみに立ち向かうために*．東京：誠信書房.

Bryden, C. (2005). *Dancing with Dementia: My Story of Living Positively with Dementia.* London: Jessica Kingsley Pub.（馬篭久美子・桧垣陽子.（訳）.（2012）．*私は私になっていく：認知症とダンスを*．京都：クリエイツかもがわ.）

Butler, R. N. (1963). The life review: An interpretation of reminiscence in the aged. *Psychiatry*, 26, 65-75.

Feil, N. (1993). *The Validation Breakthrough.* Cleveland, OH; Health Professions Press.（篠崎人理・高橋誠一.（訳）.（2001）．*バリデーション*．東京：筒井書房.）

de Klerk-Rubin, V. (2006). *Validation for Family Caregiver.* München: Ernst Reinhardt Verlag.（稲谷ふみ枝.（監訳）・飛松美紀.（訳）.（2009）．*認知症ケアのバリデーション・テクニック*．東京：筒井書房.）

河野直子・尾崎紀夫.（2017）．高齢者に生じやすい精神疾患: 定義, 診断基準と経過．山口智子(編)．*老いのこころと寄り添うこころ(改訂版)*．東京：遠見書房.

Kitwood, T. (1997). *Dementia Reconsidered: The Person Comes First.* Buckingham; Open University Press.（高橋誠一.（訳）.（2005）．*認知症のパーソン・センタード・ケア*．東京：筒井書房.）

厚生労働省.（2015）．*認知症施策推進総合戦略（新オレンジプラン）* https://www.mhlw.go.jp/stf/seisakunitsuite/bunya/0000064084.html (2018年8月1日閲覧)

小山敬子.（2011).*なぜ,「回想療法」が認知症に効くのか*．東京：祥伝社.

黒川由紀子.（1994）．痴呆老人に対する回想法グループ．*老年医学雑誌*. 5, 73-81.

松田　修.（2006）．高齢者の認知症とサイコエデュケーション．*老年精神医学*, 17（3）, 302-306.

McAdams, D. P. (1993). *The Stories We Live by: Personal Myths and Making of the Self.* New York: Merrow.

日本神経学会.（2017）．*認知症疾患治療ガイドライン*．東京：医学書院.

野村豊子.（1998）．*回想法とライフレビュー*．東京：中央法規.

奥村由美子.（2010）．*認知症高齢者への回想法に関する研究*．東京：風間書房.

大村哲夫.（2009）．文化としての「死」：在宅ホスピスにおける心理臨床．*臨床心理学*, 9（3）, 433-435.

山口智子(編).（2017）．*老いのこころと寄り添うこころ[改訂版]*．東京：遠見書房.

第9章　震災後のメンタルヘルスと支援

上山眞知子

1　はじめに　21世紀：世界防災白書が指摘する大災害の世紀

　2018年の大阪北部地震から1か月もたたないうちに，西日本を襲った豪雨は甚大な被害をもたらした。2015年度版の世界防災白書は，「多くの国々で，人為的気候変動のリスクが拡大し，さらに災害によるコストは増大している」ことを指摘している。本稿は気候変動に関して論ずるものではないが，しかし，自然災害は，何百年に一度の異常事態ではなくなりつつあるようだ。災害によるコストを最も引き受けなければならないのは，その地に暮らす人々である。災害そのものの軽減と同時に，被災者の心身の健康問題発生の軽減にも取り組まねばならない。

　東日本大震災当時から現在に至るまで，私は津波の襲来を受けた宮城県沿岸部の都市に居住している。震災時，この市の3分の1が浸水し，200名近い方々が命を落とした。それ以降，私は被災地に住む臨床心理士として支援活動を続け，研究者としては，子どもや高齢者などのいわゆる「災害弱者」の実態調査を行ってきた。本稿では，筆者自身が宮城県の被災地の中で暮らす者であり，支援者であると同時に被支援者でもあった経験に基づいて，自然災害での支援について述べる。文化人類学が用いるイーミック（emic）手法（Masten, 2014, p.64），すなわち現象の内部にいる当事者としての視点を活かしながら災害支援について考察して行きたい。

2　災害研究の歴史

　まず，心理学，精神医学領域での災害関研究の先行研究について概括する。

　第2次世界大戦終了後まもなく，タイフルスト（Tyhurst, 1951）は，カナダ国内において被災者の心身の健康状態に関する先駆的な研究を行い，その後の研究に影響を及ぼした。この研究では，①先行研究（主に第2次世界大戦の経験とストレスとの関連）のレヴュー，②被災地調査，③介入への取り組み，の3点から検討が行われている。第2次世界大戦で何らかの被害を経験した個人は高いストレスを経験したとする先行研究の受け，タイフルストは，自然災害でのストレス反応を検討するために災害に見舞われた地域での面接調査を実施し，対象者について以下のようなタイプ分けを行った。

　第1群：対象者の12〜25％は，優れて冷静に災害に対応していた。

　第2群：対象者の概ね3／4は，災害直後，驚愕や戸惑いといった，よく見られる反応を示していた。

　第3群：対象者の10〜25％は，極度の不安に陥ったり感情のコントロールができなくなったりするといったような臨床的に問題となる症状を示していた。

　この研究が行われたのは第2次世界大戦後間もない頃であり，戦争と災害ストレス関連という複数のリスクの累積を念頭に調査が行われていた。自然災害に関しては，1949年に，カナダ太平洋側にあるクイーン・シャロット島でマグニチュード8.1の地震が発生していた。この地域では，タイフルストの調査以前にも，何度か巨大地震が発生していたという記録がある。タイフルストの研究で，戦争と災害というリスクの累積の中にあっても，臨床症状を示した割合は高くはなかったことが示された。しかしながら，当時は精神科治療では精神分析が中心的な役割を果たしていたこともあり，専門家の多くは，健康的な状態にあった人や直後の急性反応のみを示した人たちより，臨床的に問題と見なされる症状を示した人たちに注目した。それ以降，心的外傷後ストレス障害（PTSD）発症に注目した研究が数多く行われることとなる（Bonanno et al., 2010）。

　トラウマ体験とPTSDとの関連が一般的にも注目されるようになったのは，アメリカ精神医学会による診断マニュアルDSM-Ⅲ（Diagnostic and Statistical manual of Mental Disorders. Third Edition）以降である。1994年に発表されたDSM-Ⅳでは，不安障害の中に，外傷後ストレス障害と急性スト

レス障害の項目が立てられた。PTSDとは，命を脅かすようなトラウマを体験した場合に出る症状と定義されている。症状の説明が精密になり，「ストレス下で自分を癒すことができない」状態と述べられている。しかしながら，PTSDの発症率は5〜75％の間で示されており，研究毎の差が大きいという特徴もある。どのような災害を対象にしているかによって，結果に違いが生じた可能性が指摘されている。

　PTSDの調査研究の蓄積が進んだのは，2001年のニューヨークでの同時多発テロ事件以降であった。2013年に発表されたDSM-5では，「心的外傷およびストレス因関連障害群」として独立した症候群となった。災害トラウマとの関連では，心的外傷後ストレス障害，急性ストレス障害があり，記述はより詳細になっている。6歳以下の子どもの心的外傷後ストレス障害に関する診断基準も含まれた。

　こうした流れに対して，災害に関する精神保健領域の先行研究を検討したボナーノら（Bonanno et al., 2010）は，人的災害のみならず自然災害であっても，災害発生後に特にPTSDに注目することによって，被災者の他の問題を見過ごす可能性があると指摘している。同時に，災害は，健康やウエル・ビーイングを長期にわたり蝕むものであり，社会構造全体にダメージを与えるため，多方面からの調査と支援を継続的に行う必要があるとしている。なお，ボナーノ自身は，9.11貿易センタービルへのテロ攻撃の時にニューヨークに在住していた研究者であり，直後から調査研究を行っている。

　9.11以降，ボナーノは自分の周辺の人々は予想以上に健康であることを実感し，そのことを調査によって確認している。しかしながら，ストレスが長引けば新たな問題が発生する可能性が高くなり，身体的な健康に悪影響を及ぼすとしている（Bonanno, 2005）。精神面のみならず，身体面や社会的関係に現れる問題を見落とさないようにする支援の必要性を指摘している。甚大な人的災害，自然災害発生時には，包括的な支援の視点が求められるのである。

　研究の蓄積を踏まえて，国連世界保健機関（WHO）は，2007年に包括的な支援を目指した災害支援のためのガイドラインを作成した。このガイドラインは，国連と国際的なNGO団体がまとめたものである。100年にわたる人道的支援の活動の総括を行い，今後の支援活動として心理社会的支援が推奨されてい

る。次に，国際支援の潮流となっているこのガイドラインに沿いながら，心理社会的支援について述べる。

３ 国際支援の潮流～心理社会的支援とは

　最初に，WHOなどの国連関連機関と世界的なNGOの28団体から構成された機関間常設委員会（IASC）が作成し，2007年に公表されたガイドラインによる心理社会的支援を知るに至った私の経験ついて述べたい。大震災から1週間後，知人の紹介により，子どもへの支援を中心に活動してきた国際NGO・Plan International（以下，Plan）と，偶然としか表現できない状況で出会った。Planとはその後5年間にわたり支援活動を共に行うこととなり，その過程で私は国際支援における心理社会的支援について学ぶことができた。

　その後，このガイドラインを具体化した手引書として，2011年夏，WHO版の心的応急措置（Psychological first aid: Guide for field workers：PFA）が発表された。その第2章では，「責任をもって支援する（How to Help Responsibly）」際に最も重要なこととして，被災者の「安全と，尊厳と，権利を尊重する」ことが挙げられている。なお，WHO版PFAには，後述する教師支援を目指して組織された「ケア宮城」とNGO・Planの翻訳による「WHO版　心理的応急処置－現場の支援者のガイド」があり，ホームページからダウンロードすることができる（ケア宮城　www.sed.tohoku/ac/jp/~caremiya/）。

　一人ひとりの尊厳と権利を守るためには，被災者に応じた心理社会的支援を適切に行う必要がある。ガイドラインには，支援者にとって羅針盤のような意味を持つピラミッド図が示されている（図9-1）。

　ピラミッドの1段目で心理社会的支援の対象になるのは，被災地にいる人すべてである。被災直後には，日常生活を復旧する支援そのものが被災者の心身の健康状態にポジティブな効果をもたらす。例えば私自身も，他の地域や国外から支援に来た人々の活動を目にした時に，大きな安堵感を得ることができた。緊急支援の派遣や支援物資そのものが，被災者にとっては心理的な落ち着きに繋がる。しかし，物資を運び入れる際にも，様々な点に配慮する必要がある。まず，支援が被災者のニーズを踏まえた内容かということを確認しなければなら

ない。また，物資を配布する際にも，被災者と地域の事情に配慮する必要がある。例えば上記のPlanが学校で文房具などの支援物資を配る際には，被害の有無に関係なく子どもたち全員を対象とした。津波によって家や家財を失った子どものみを対象にすると，教室の中で，自分が置かれた状況は他の子どもたちとは異なってしまったことを意識せざるを得なくなる。さらに，物資が配布されなかった子どもたちとの間に分断が生じることを防ぐことも考えなければならない。支援物資を配ることで，被災者を傷つける可能性は必ず排除しなければならない。

　ピラミッドの2段目では，地域において災害弱者になりうる社会的なグループ，子ども，高齢者，障がい者などが対象となる。

　ピラミッドの3段目は，一般的な医療行為を指している。私が居住する市でも，東日本大震災直後から，避難所には地域の医療従事者が健康診断に入っていた。被災者にとっては顔なじみの病院関係者も多かった。看護師や医師，保健師による健康診断の時に，被災状況を語ることで落ち着いた人も多かったようである。こうした健康診断から，治療に繋がるケースもあった。

　ピラミッドの4段目は，医療機関での精神疾患の治療を想定してる。災害時

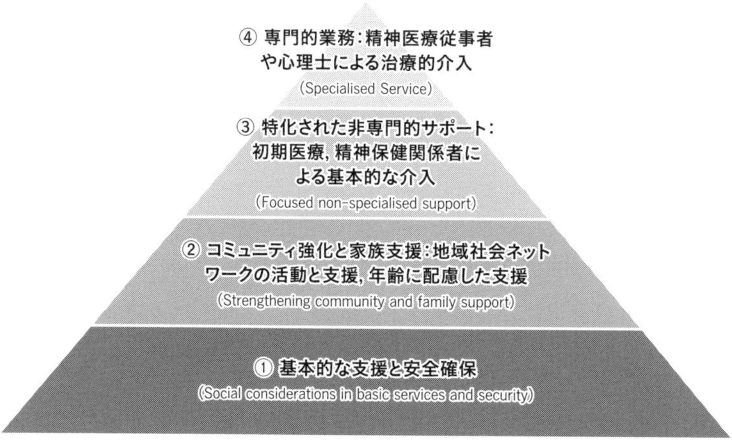

④ 専門的業務：精神医療従事者
や心理士による治療的介入
(Specialised Service)

③ 特化された非専門的サポート：
初期医療，精神保健関係者に
よる基本的な介入
(Focused non-specialised support)

② コミュニティ強化と家族支援：地域社会ネット
ワークの活動と支援，年齢に配慮した支援
(Strengthening community and family support)

① 基本的な支援と安全確保
(Social considerations in basic services and security)

（引用：The IASC Guidelines for Mental Health and Psychosocial Support in Emergency Setting.p.13.
https://www.who.int/mental_health/emergencies/en/）

図9-1　心理社会的支援のピラミッド（IASC, 2007）

は，精神疾患発症の割合は若干高くなるようだ（飛鳥井，2005）。

　心理社会的支援では，最初から医学モデルへの依拠を想定しない。被災者に負担なくそれぞれの日常的な生活場面に支援を溶け込ませるようにして，活動の内容に知恵と工夫を凝らすことが求められる。支援者とともに地元の人的・社会的資源を活用して復興に向けた活動を行いながら，被災地にいるすべての人たちが，自分自身の活動によって精神的な健康を回復することを目指す。支援活動は被災直後だけではなく，必要な人や場所に対して継続的に実施されることも求められている。

　圧倒的な災害状況を目前にすると，精神保健の専門家であっても大きな衝撃を受けるのは当然である。しかし，専門家は，特定の疾患を想定して自分の専門性を発揮することに囚われることがないようにと，ガイドラインは戒めている。最初から特定の精神疾患にのみ着目した支援では，他の問題を見過ごす可能性がある。ガイドラインは，PTSDモデルに依拠した「語らせること・デブリーフィング」よりも，被災者に対する包括的な支援を目指した心理社会的支援の実施を推奨している。

　被災の状況が過酷なほど，被災者は打ちのめされ，それまでの人生が崩れ去ったような気持ちになる。しかし，心理社会的支援では，被災者のニーズを聞き取り，地元の資源を活かす活動を工夫することで，被災者の尊厳を取り戻すことを目指すのである。ただ支援を受けるということではなく，自分自身も復興に参加しているという実感は，震災前は心身ともに健康な状態で暮らしていた多くの被災者にとって，尊厳の回復につながる。また，こうした活動で落ち着きを取り戻す人が増えれば，精神科治療に繋がる可能性を少しでも減らすことができる。「患者」になることは個人的にも社会的にも負担が大きく，生活再建への妨げとなる可能性が高くなる。

　次に，私の体験を例にして，心理社会的支援の実際について述べる。

4　震災直後の心理社会的支援の例

　自宅を片付け，震災発生の3日後に，私は徒歩圏内にある市内最大の避難所に入った。避難所となった市民ホールは，多くの人々で埋め尽くされていた。

　私は大学に赴任する前は，臨床心理士として地域の総合病院に勤務していた。その時にけ小児科での仕事か多かったため，私にとって最も気になったのは子どもたちの様子であった。以前，報道で，米国の学校で発生した銃撃事件の直後に，心理的支援チームが「心のレスキュー活動」を行っている様子を目にしたことがあった。このチームが，ケアの手立てとしてぬいぐるみを用意して子どもたちを安心させていたことを思い出し，家にあったおもちゃをかき集めて避難所に入った。

　私はまず子どもたちに，今一番何がしたいかと聞いて回った。すると，「友達と遊びたい」，「勉強したい」，「もうゲームは飽きた」，「何かを作りたい」と答えてくれた。水や食料の配布が十分ではなかった中でも，子どもたちは「遊びたい」と答えたのである。改めて，子どもの権利条約31条にあるように，「遊ぶことは子どもの権利」であることを思い出した。

　避難所では，市内の大学の学生たちが中心となって，相談と情報提供のコーナーを設営していた。おもちゃを持って子どもに話しかける私の姿を見つけた学生たちは，「子どものための遊び場が作れないだろうか」と声を掛けて来た。初日から，多くの親が，遊び場を設けて欲しいという声を寄せていたという。避難所内で，子どもが遊ぶことを不快とする大人が多かったためである。これをきっかけにして，管理者の許可を得て，ボランティアによって避難所に遊び場が設営されることになった。私は，親の声を聞き取った学生の柔軟さに驚かされた。

　避難所での遊び場には，遊戯療法の原則をゆるく適用しようと考えた。遊戯療法では，様々な臨床症状を示す子どもたちを対象とする。臨床心理士が見守る中で「遊ぶ」時間と部屋そのものが，心のバランスを取り戻す機会を提供する。避難所には，津波被害によって急性の症状を示す子どもが避難していた可能性もあり，遊び場が心のバランスを取り戻す場となる必要があると考えた。しかし一方で，多くの子どもたちは被災前には問題なく生活していたはずである。ケアを意識させることなく，やって来た子ども全員が「楽しく遊んでいる」という感覚でいられるような場となる必要もあった。私は遊び場に，遊戯療法の構造に模した以下のようなルールを取り入れることにした。

①格闘や競争を目的とした遊びを持ち込まないこと。
②開所と閉所の時間を守ること。
③遊具は持ち出さないこと。また持ち込まないこと。
④けんかしないこと。（自分と他者を傷つけないために）

　さらに，折り紙，お手玉などの遊びには作業療法に類似した効果が期待できると考え，昔からの遊具を取り入れることにした。遊び場は，暖房がない北側の楽器搬入口のスペースであった。2011年の3月はとりわけ寒かったが，毎日大勢の子どもたちがやって来た。子どもたちは私が説明したルールを受け入れ，自分たちで段ボールにそのルールを書き入れて張り出していた（図9-2）。子どもたちは，次のようなルールを書いてくれたのである。

①くつをぬいではいってね。
②しずかになかよくあそぼう!!
③ゲームはやめようね。
④ここのおもちゃはもちださないでね。
⑤4じになったらおかたづけしよう。

　子どもたちは，毎日，自分たちの遊び場を片付けて避難所の「我が家」に戻って行った。
　家を流されたり家族を失ったりなど過酷な体験をしていたにもかかわらず，子どもたちには高齢者を気遣う様子も見られた。お手玉や折り紙を教えてもらうという名目で一緒に遊ぼうとしていたのである。その姿に周りの大人たちも励まされ，親も昼間の子どもたちを心配することなく家の片付けに集中することができた。
　遊び場の開設後1週間がたった頃，私は前述したNGO・Planと出会った。世界中の被災現場を経験している人道支援の専門家たちは遊び場を訪れ，これは心理社会的支援の第2段目「コミュニティ強化と家族支援」の良い例になると励ましてくれた。その理由として，ケアの要素は組み入れられてはいるが，子

　どもにとっては「遊んでいる」という感覚でいられる場所であること，子ども
たちが運営に参加し，高齢者など他の人たちにも配慮しようとしているという
ことを挙げた。

　百戦錬磨の人道支援の活動家たちは，いかにも楽しそうに子どもたちと遊び
始めた。そのうちの一人に，ある男の子が，津波が引いた後にカメが迷い込ん
できた，家族でカメキチと名付けた，という話をした。すると彼はその男の子
に対して，通訳を通して「君は津波から贈り物をもらっためずらしい子どもだ
ね。この話を世界中の子ども達に教えていいかな」と語りかけたのである。話
しかけた人物はインド国籍の医師で，IASCのガイドラインの中心的な作成者
でもあるウニ・クリッシュナン氏であった。津波からの贈り物という言葉に私
は一瞬慌てたが，しかし，男の子は顔を輝かせて大きく頷いた。子どもは，常
にネガティブなことばかり考えている訳ではない。そうした子どもの気持ちを
理解したクリッシュナン氏は，ネガティブをポジティブへと魔法のように一瞬
にしてひっくり返した。彼は，カシミール，四川大地震，スマトラ沖地震など
の自然災害，世界中の戦闘地帯で人道的支援を行ってきたスペシャリストであ

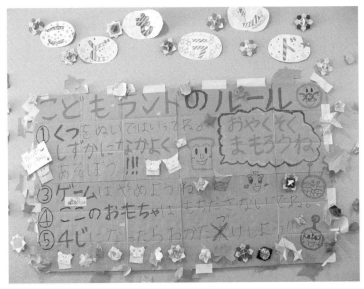

図9-2　遊び場のルール表

る。誰よりも災害の厳しさに立ち向かい支援を行ってきた人である。被災者の誇りを回復させる言葉かけを瞬時に行うことができる，活動家としての力量と度量を持つ支援者であった。被災者と同じ人間として接する心理社会的支援の原則の効果を，私は目の当たりにしたのである。そして図らずも，この遊び場が心理社会的支援と呼ばれる機能を果たしていることを知った。

5　継続的な心理社会的支援〜支援者支援

　避難所はその役割が終われば閉鎖される。次に考える必要があるのは，日常生活場面での心理社会的支援の実施である。例えば，子どもにとって最も身近にある支援システムとしては，在籍する学校がある。しかしながら広域災害では，教師自身とその家族も被災者となりうる。学校は避難所となり，新年度への準備もしなければならない状況で，教師自身が子どもへの支援者となるためには，自らの心身の健康を保つ必要があった。

　2011年4月6日，私は市の教育委員会の依頼を受け，Planと共に，小・中学校の教員を対象にした研究会を行った。ワークショップ型の，教師自身のためのストレス解消法がテーマだった。小グループに分かれストレス解消法を笑いながら披露しあう教師の顔は，たちまち元気になっていった。苦境にある時の，仕事仲間同士の語り合いには，回復のための大きな力があることを知った。この時の経験を踏まえて，宮城県内の心理学を専門とする人々と共に教師支援を目指した組織を立ち上げ，2011年6月から，研修とワークショップを軸にした支援活動を開始した。この活動は宮城県教育委員会との共同事業であった。2011年度の活動は，Planによる財政的な支援を受けて実施した。2018年現在も，「ケア宮城」による研究活動は継続している。

　教師支援を継続する中で，2011年6月に被災地の学校の保健室を訪問した。この時，震災後に増えた虫刺されなどによる皮膚トラブルを訴えて来室する子どもたちのために，養護教諭が氷や冷たい麦茶を震災前に比べて多めに用意して対応している現場に出会った。被災直後の夏，子どもたちは氷や麦茶を求めて保健室で休み，心身のエネルギーを補給してまた活動に戻って行った。養護教諭は，氷や麦茶の準備に配慮を忍ばせながら，こうした子どもたちの様子を

見守っていたのである。私は，被災前からの子どもの健康状態を知っている養
護教諭を対象にして，子どもたちの心身の健康状態についての実感調査をした
いと考えた。

　私は科研費の助成を得て，被災後のリスクが高い地域の養護教諭への実感調
査（2012〜2014：科学研究費助成基金・挑戦的萌芽研究：課題番号24650416）
を行った。震災後も沿岸部のほとんどの養護教諭は異動していなかったため，
震災前後の様子を比較することが可能であった。大きな被害を受けた沿岸の2
市で調査を実施し，アンケートの回収率は70%を超えた。

　アンケートの内容は，①学校の被害の状況，②子どもが落ち着いているか否
か，③落ち着いていない状態は，震災前からかあるいは震災後か，について養
護教諭が実感しているレベルを選択してもらい，さらにその時点で問題だと
思っていることについての自由記述によって構成した。「落ち着いている」を
選択した養護教諭は，80%を超えていた。

　一方自由記述の結果から，以下のような懸念を持っていることが分かった。

---

①経済的な立ち直りが悪い家族の問題が，子どもの状態に影響している。
②居住環境が著しく変化した子どもで，不定愁訴が増えている。特に仮
　設住宅で生活環境が悪化している。
③感染症に弱く，疲れているように見える。
④肥満，骨折，皮膚疾患などの身体関連症状が震災前より増えている。

　自由記述で挙げられたのはPTSDではなく，身体的な健康に関する懸念で
あった。

　災害と心身の健康に関する調査では，災害前のデータと比較することに困難
が伴うという制約がある。こうした中で，オランダで発生した大規模な火災被
害後に実施された調査では，被災者となった子どもたちの被災前に実施された
健康診断のデータがあったため，被災後の状態と比較するのが可能となった。
その結果，骨格筋関連，胃腸系や睡眠での問題が多くなったことが報告されて
いる（Dirzwager, 2006）。養護教諭が懸念した問題と重なる項目が多い。

　養護教諭は，貧困などの家庭環境上のリスクが加わった場合の，心身の健康

問題にも言及していた。インドネシアで災害を経験した子どもたちに関する調査結果では，リスクが累積している場合には精神的な健康の維持において脆弱<ruby>脆弱<rt>ぜいじゃく</rt></ruby>であることが指摘されている（Catani et al., 2008）。さらに，リスクが重なるような過酷な体験をした後に，精神的には健康に見えても，身体はその代償を払っている可能性もある（Brody et al., 2013）。

　私は調査結果を各自治体の教育委員会に送り，養護教諭の手元に届くようにした。その結果を見た養護教諭から，注意する必要がある子どもたちへの対応だけでなく，「日常の保健室業務を平時以上に丁寧に行うことが最も必要なこととわかった」という感想が寄せられた。日常活動に組み込まれた養護教諭のケアこそが，子どもの心身の健康に繋がる，継続的な心理社会的支援の好事例であることを知ったのである。

6　結び

　阪神・淡路大震災の後，第2回国連世界防災会議が神戸市にて開催され，災害リスクの低減を目指したコミュニティ強化を目標に掲げた「兵庫行動枠組み」が採択された。2015年3月には仙台で，第3回世界防災会議が開催され，2030年までの目標となる「仙台防災枠組み」が採択された。被災地でのステーク・ホルダー（女性，子ども，若者，障がい者とその組織，高齢者の知識，移民，先住民など）の参画の重要性を強調している。当事者のニーズを聞き，当事者自身が主体的に復興（Build Back Better）を目指すという，「人中心」の心理社会的支援の中核的な考え方が，目標の1つとして記載された。

　私は被災地の内部にいる者として，被災者の実態に即した支援のあり方を模索してきた。その中で，心理社会的支援とは，リスクを数え上げるのではなく，人々の日常にある資源を活用することで尊厳の回復を目指し，立ち上がる力を支えるということを学んだ。災害・貧困・戦争など，過酷な逆境にある子どもたちのレジリエンスを研究してきたマストン（Masten, 2014）は，その著書に「Ordinary Magic」というタイトルを付けた。普通の生活の中にこそ，回復と復興を支える資源を見つけ出すことができるという心理社会的支援の精神を具現化した言葉であると思う。

　災害は，様々な職種や専門領域の結束によるリエゾン的な対応を求める。東日本大震災以降，多くの人々がそれまで蓄積してきた人間関係や知識を駆使して，災害に立ち向かってきた。今でも，ボランティアや国際NGO，公的な機関の支援を受けることによって，厳しい状況を凌いで，復興を目指している。私が支援者となった時，普段の生活で構築してきたコミュニケーション・ネットワークこそが最強の減災の手段であることを学んだ。

【参考文献】

飛鳥井望. (2008). *PTSDの臨床研究：理論と実践*. 金剛出版.

Bonanno, G. A. (2009). *The other side of sadness: What the new science of bereavement tells us about life after loss.* NewYork: Back Books. (高橋祥友. (訳) (2013). *レジリエンス：喪失と悲嘆についての新たな視点*. 東京：金剛出版.

Bonanno, G. A., Brewin, C. R., Kaniasty, K., & LaGreca A. M. (2010). Weighting the costs of disaster: Consequences, risk and resilience in individuals, families, and communities. *Psychological Science in the Public Interest, 11* (1), 1-49.

Brody, D. H., Tianyi, Y., Chen, E., Miller, G. E., Kogan, S. M., & Beach, S. R. H. (2013). Is resilience only skin deep? Rural African Americans' preadolescent socioeconomic status-related risk and competence and age 19 psychological adjustment and allostatic load. *Psychological Science. 24* (7), 1285–1293.

Catan, C., Jacob. N., Schauer. E., Kohila. M., & Neuner. F. (2008). Family violence, war, and natural disasters: A study of the effect of extreme stress on children's mental health in Sri Lanka. *BMC Psychiatry, 8*, 33. http://www.biomedcentral.com/1471-244X/8/33

Dirkzwager, A. J. E., Kerssens, J. J. & Yzermans, C. J. (2006). Health problems in children and Adolescents before and after a man-made dsaster. *Journal of the American academy of Child and Adolescent Psychiatry, 45* (1), 94-103. DIO：https://doi.org/10.1097/01.chi.0000186402.05465.f7

IASC. (2007). *災害・紛争等緊急時における精神保健・心理社会的支援に関するIASCガイドライン*. www.who.int/hac/network/interagency/news/iasc_114023.pdf

上山真知子. (2011). 避難所での子どもの遊び場づくりの1カ月：その意味を考える. *発達, 128*, 20-28.

上山真知子. (2012). 被災地の子どもたちへの心理社会的支援：遊び場作りを通しての考察. *精神医療, 65*, 65-74.

上山真知子. (2013). 教師支援を通して見えてきた被災地の今. *発達, 133*, 18-25.

上山眞知子. (2015). 東日本大震災後の心理社会的支援：被災地の心理学者として学んだこと. 村本邦子. (編著), *隣地の対人援助学* (pp.59-69). 晃洋書房.

Masten, A. S. (2014). *Ordinary magic. Resilience in development.* New York: The Guilford Press.

Tyhurst, J. S. (1951). Individual reactions to community disaster: The natural history of psychiatric phenomenon. *American Journal of Psychiatry, 107,* 746-796.

▌著者紹介（執筆順）

白井利明　（しらい・としあき）　編者・大阪教育大学教育学部教授

加藤弘通　（かとう・ひろみち）　北海道大学大学院教育学研究院准教授

堀尾良弘　（ほりお・よしひろ）　愛知県立大学教育福祉学部教授

若松養亮　（わかまつ・ようすけ）　滋賀大学教育学部教授

間宮正幸　（まみや・まさゆき）　北海道大学名誉教授

神谷哲司　（かみや・てつじ）　東北大学大学院教育学研究科准教授

山口智子　（やまぐち・さとこ）　日本福祉大学子ども発達学部教授

上山眞知子　（かみやま・まちこ）　東北大学災害科学国際研究所
歴史資料保存研究分野特任教授（客員）

※所属は執筆時

監修者紹介

本郷一夫（ほんごう・かずお）

　東北大学大学院教育学研究科教授。博士（教育学）。東北大学大学院教育学研究科博士後期課程退学。東北大学大学院教育学研究科助手，鳴門教育大学学校教育学部講師，同大学助教授，東北大学大学院教育学研究科助教授を経て現職。専門は発達心理学，臨床発達心理学。現在は，社会性の発達とその支援に取り組んでいる。主な著書に『幼児期の社会性発達の理解と支援—社会性発達チェックリスト（改訂版）の活用』（編著・北大路書房，2018），『認知発達とその支援』（共編著・ミネルヴァ書房，2018），『認知発達のアンバランスの発見とその支援』（編著・金子書房，2012），『「気になる」子どもの保育と保護者支援』（編著・建帛社，2010），『子どもの理解と支援のための発達アセスメント』（編著・有斐閣，2008）など。

編著者紹介

白井利明（しらい・としあき）

　大阪教育大学教育学部教授。博士（教育学）東北大学大学院教育学研究科博士課程後期中退。。大阪教育大学教育学部助手，助教授を経て現職。専門は青年心理学，発達心理学，教育心理学，犯罪心理学。青年期から中年期にかけての人生の発達について28年に及ぶ縦断研究に取り組んでいる。主な著書に『時間的展望の生涯発達心理学』（勁草書房，1997年），『生活指導の心理学』（勁草書房，1999年），『＜希望＞の心理学—時間的展望をどうもつか』（講談社，2001年），『大人へのなりかた—青年心理学の視点から』(新日本出版社，2003年)，『社会への出かた—就職・自立・自分さがし』(新日本出版社，2014年)，『18歳は大人か？子どもか？—心理学から青年をとらえる』(ちとせプレス，2016年) など。

シリーズ 支援のための発達心理学

生涯発達の理論と支援

2020 年 1 月 29 日　初版第 1 刷発行　　　　　　　　　　　　　［検印省略］

監修者　　　本　郷　一　夫

編著者　　　白　井　利　明

発行者　　　金　子　紀　子

発行所　㈱金子書房

〒112-0012　東京都文京区大塚 3-3-7
TEL　03-3941-0111 ㈹
FAX　03-3941-0163
振替　00180-9-103376
URL　http://www.kanekoshobo.co.jp

印刷／藤原印刷株式会社　製本／一色製本株式会社
装丁・デザイン・本文レイアウト／ mammoth.

シリーズ

支 援 の た め の 発 達 心 理 学

—————————————————————————————— 本郷一夫 ◎監修

既刊

コミュニケーション発達の理論と支援
藤野　博 編著

本体 1,500 円＋税／A5 判・128 ページ

実践研究の理論と方法
本郷一夫 編著

本体 1,500 円＋税／A5 判・128 ページ

知的発達の理論と支援——ワーキングメモリと教育支援
湯澤正通 編著

本体 1,500 円＋税／A5 判・128 ページ

自己制御の発達と支援
森口佑介 編著

本体 1,500 円＋税／A5 判・120 ページ

愛着関係の発達の理論と支援
米澤好史 編著

本体 1,500 円＋税／A5 判・128 ページ

生態としての情動調整——心身理論と発達支援
須田　治 編著

本体 1,500 円＋税／A5 判・120 ページ

生涯発達の理論と支援
白井利明 編著

本体 1,500 円＋税／A5 判・112 ページ

刊行予定

※いずれも、予価1,500円＋税, 予定ページ数128ページ。
※タイトルはいずれも仮題です。

◆情動発達の理論と支援
遠藤利彦 編著